O CONCEITO E A NATUREZA DO DIREITO

CB122828

ROBERT ALEXY

O CONCEITO E A NATUREZA DO DIREITO

Tradução
Thomas da Rosa de Bustamante

Estudo introdutório
Carlos Bernal Pulido

Marcial Pons

MADRI | BARCELONA | BUENOS AIRES | SÃO PAULO

Coleção
Filosofia e Direito

Direção
Jordi Ferrer
José Juan Moreso
Adrian Sgarbi

O conceito e a natureza do direito
Robert Alexy

Título original: *El concepto y la naturaleza del derecho*

Tradução
Thomas da Rosa de Bustamante

Capa
Nacho Pons

Preparação e Editoração eletrônica
Ida Gouveia / HBLYZ / Oficina das Letras®

Todos os direitos reservados.
Proibida a reprodução total ou parcial, por qualquer meio ou processo – Lei 9.610/1998.

CIP-Brasil. Catalogação na Publicação
Sindicato Nacional dos Editores de Livros, RJ

A371c

Alexy, Robert.
O conceito e a natureza do direito / Robert Alexy ; tradução Thomas da Rosa de Bustamante; estudo introdutório Carlos Bernal Pulido. - 1. ed. - São Paulo: Marcial Pons, 2014.

(Filosofia & Direito)

Tradução de: El concepto y la naturaleza del derecho
Inclui bibliografia
ISBN 978-85-66722-11-6

1. Direito - Filosofia. 2. Ética jurídica. I. Título. II. Série.

14-08207 CDU: 340.12

© Robert Alexy
© Thomas da Rosa de Bustamante
© MARCIAL PONS EDITORA DO BRASIL LTDA.
Av. Brigadeiro Faria Lima, 1461, Torre Sul, 17/8, Jardim Paulistano
CEP 01452-002 São Paulo-SP ☎ 55+ (11) 3192.3733 www.marcialpons.com.br

Impresso no Brasil

SUMÁRIO

ESTUDO INTRODUTÓRIO: O CONCEITO E A NATUREZA DO DIREITO SEGUNDO ROBERT ALEXY – CARLOS BERNAL PULIDO 7

1. Uma nota biográfica sobre Robert Alexy 8

2. As principais teses de Robert Alexy sobre o conceito e a natureza do direito 9

   2.1 Teses relativas à filosofia do direito 11

   2.2 Teses relativas à metateoria do direito 13

   2.3 Teses relativas ao conceito e à natureza do direito 15

3. Um olhar crítico sobre as teses de Robert Alexy 17

4. Adendo bibliográfico sobre a teoria do direito de Robert Alexy 22

   4.1 Escritos de Robert Alexy 22

   4.2 Literatura secundária sobre a teoria do direito de Robert Alexy... 24

   4.3 Bibliografia do Estudo Introdutório 26

I

A NATUREZA DA FILOSOFIA DO DIREITO – ROBERT ALEXY 29

1. A natureza da filosofia 29

2. Pré-compreensões e argumentos 31

3. Três problemas 32

4. Quatro teses 33

5. Entidades e conceitos 34

6. Propriedades necessárias 36

7. Direito e moral 38
Bibliografia 40

II

A NATUREZA DOS ARGUMENTOS SOBRE A NATUREZA DO DIREITO – Robert Alexy 41

1. Três dimensões e dois níveis de reflexividade 41
2. Os três principais problemas concernentes à natureza do direito 43
3. A natureza dos elementos do direito 43
4. Direito e coerção 44
5. Direito e moral 48
   5.1 O argumento da correção 49
   5.2 O argumento da injustiça extrema 54

Bibliografia 56

III

SOBRE O CONCEITO E A NATUREZA DO DIREITO – Robert Alexy 59

1. O significado prático e teórico do debate 59
   1.1 A injustiça legislativa e a fórmula de radbruch 59
   1.2 A textura aberta do direito e o autoentendimento dos juristas 61
   1.3 O conceito de direito como um conceito de tipo não naturalístico 62
2. Positivismo e não positivismo 62
   2.1 A tese da separação e a tese da conexão 62
   2.2 Positivismo exclusivo e inclusivo 63
   2.3 O não positivismo exclusivo, inclusivo e superinclusivo 65
3. Conceito e natureza 69
   3.1 A natureza 69
   3.2 Conceito 70
4. O caráter dualista do direito 71
   4.1 Coerção 71
   4.2 Correção 73
5. O direito que *é* e o direito que *deve-ser* 75

Bibliografia 77

ESTUDO INTRODUTÓRIO

O CONCEITO E A NATUREZA DO DIREITO SEGUNDO ROBERT ALEXY [1]

CARLOS BERNAL PULIDO[2]

A explicação da natureza do direito e a consequente configuração de seu conceito tem sido um problema central da filosofia do direito desde a antiguidade. Ao enfrentar este problema, a filosofia do direito se ocupa, em seu âmbito de estudo, da questão fundamental da ontologia, ou seja, daquilo que existe e quais são suas propriedades. O volume que o leitor tem em mãos contém a tradução para o português de três ensaios de Robert ALEXY que representam seu pensamento mais recente sobre a resposta apropriada a essa pergunta ontológica fundamental no âmbito jurídico, ou seja, à pergunta: «o que é o direito?». Nesses ensaios, ALEXY esclarece e desenvolve com mais detalhe as teses mais emblemáticas de sua teoria do direito, algumas das quais já estavam estampadas na sua conhecida obra *O conceito e a validade do direito* (ALEXY, 1994).[3] Nesse sentido, ALEXY situa sua teoria no marco da discussão atual sobre o conceito de direito. Em especial, dialoga com as conhecidas teses do positivismo exclusivo e inclusivo, ressalta as diferenças existentes entre

---

1. Traduzido do espanhol por Thomas da Rosa de Bustamante. Publicado originalmente como estudo introdutório à versão espanhola deste volume: ALEXY, R., 2008: *El concepto y la naturaleza del derecho*, Madri: Marcial Pons.

2. Professor de filosofia do direito e de direito constitucional da Universidad Externado de Colombia (Bogotá).

3. Além dos escritos que aparecem neste volume, também deve-se mencionar o texto: «Acerca de dos yuxtaposiciones: concepto y naturaleza, derecho y filosofía. Algunos comentarios sobre "¿Puede haber una teoría del derecho" de Joseph RAZ» (cfr. ALEXY, 2005), como outro dos trabalhos recentes em que ALEXY desenvolve suas ideias acerca do conceito e da natureza do direito.

essas concepções e sua visão do não positivismo e tenta demonstrar por que esta última visão do direito oferece mais possibilidades de correção teórica e prática. Junto a isso, ALEXY também oferece uma caracterização da filosofia do direito e explica quais são as propriedades que melhor a definem como um ramo da filosofia que reflete sobre o fenômeno jurídico. Finalmente, leva a cabo um escrutínio acerca da natureza dos mais proeminentes argumentos utilizados na filosofia do direito. Nesse sentido, desenvolve as bases não somente de uma teoria do direito, mas também de uma metateoria do direito, ou seja, de uma teoria sobre a teoria do direito.

Este estudo introdutório tem quatro objetivos que serão desenvolvidos, respectivamente, nas quatro seções que o compõem. Na primeira seção se fará uma resenha biográfica muito breve de Robert ALEXY, que ajudará o leitor a dispor de uma compreensão maior do contexto da obra deste filósofo do direito. Na segunda seção, em um intento de síntese, se apresentarão brevemente as principais teses de Robert ALEXY que aparecem nos escritos que integram este volume. A terceira seção busca observar de maneira crítica as mais proeminentes dessas teses. Por último, a quarta seção oferece uma seleta lista bibliográfica dos melhores escritos em que Robert ALEXY desenvolve sua teoria do direito e de alguns dos melhores textos que foram publicados acerca de sua obra nas línguas em que o pensamento deste autor foi mais influente, ou seja, em alemão, inglês, espanhol e italiano. Essa lista bibliográfica pretende apresentar-se como uma ajuda para aqueles leitores que queiram estender os seus horizontes de conhecimento em relação à teoria do direito de Robert ALEXY.

1. UMA NOTA BIOGRÁFICA SOBRE ROBERT ALEXY

Robert ALEXY nasceu em 9 de setembro de 1945 em Oldenburg (Alemanha). Depois de concluir a educação secundária, serviu durante três anos no Exército Federal Alemão, no qual durante o último ano alcançou a patente de Tenente. No verão de 1968 começou os estudos de direito e filosofia na Universidade Georg-August de Göttingen. No âmbito da filosofia, estudou sobretudo com Günther Patzig.

Depois de superar o primeiro exame do Estado para concluir a licenciatura em direito, em 1973, trabalhou até 1976 com sua tese «Teoria da argumentação jurídica». Durante aquele tempo, bem como antes do mencionado primeiro exame, sua atividade de investigação recebeu financiamento da fundação *Studienstiftung des deutschen Volkes*. Em 1982, recebeu o prêmio da Academia de Ciências de Göttingen, na categoria de filologia e história, pela investigação conducente à «Teoria da Argumentação Jurídica», que foi publicada pela primeira vez no ano de 1978. Em 1976, iniciou sua prática jurídica, concluída em 1978, logo depois de superar o exame do Estado. Desde então, até 1984, atuou como assistente docente do professor Ralf Dreier no departamento de Teoria Geral do Direito em Göttingen. Em 1984, concluiu sua habilitação em direito público e filosofia do direito na Faculdade de Direito da Universidade de Göttingen, com sua obra *Teoria dos direitos fundamentais*.

A partir desse momento, Robert ALEXY se tornou professor, primeiro da Universidade de Regensburg e posteriormente da Universidade de Kiel. Depois de rechaçar uma proposta da Universidade de Regensburg, em 1986 aceitou a proposta da Universidade Christian-Albrecht de Kiel. Desde então, é catedrático de filosofia do direito e direito público dessa universidade. Em março de 1991, descartou a proposta da Universidade Karl-Franzens de Graz para ser o sucessor de Ota Weinberger. Entre 1994 e 1998, foi presidente da seção alemã da Associação Internacional de Filosofia do Direito e Filosofia Social (IVR). Em 1992, publicou a versão alemã do livro *O conceito e a validade do direito,* que representa a obra compreensiva de sua teoria do direito, aquela na qual plasmou pela primeira vez algumas das teses que se desenvolveram nos ensaios contidos neste volume. Em 1997, recebeu uma oferta da Universidade Georg-August de Göttingen (para ser o sucessor de Ralf Dreier). Em fevereiro de 1998, descartou essa oferta. Desde o ano de 2002 é membro da Academia de Ciência de Göttingen, na categoria de filologia e história.

2. AS PRINCIPAIS TESES DE ROBERT ALEXY SOBRE O CONCEITO E A NATUREZA DO DIREITO

Nos três ensaios que compõem este volume, Robert ALEXY reitera algumas das ideias capitais que integram sua teoria do direito, as defende contra as objeções mais sobressalentes e as desenvolve em certos aspectos que haviam sido apenas mencionados na obra *O conceito e a validade do direito*. Nessa linha, expõe pela primeira vez algumas de suas reflexões sobre o objeto e o método da filosofia do direito.

É possível entender os dois primeiros escritos contidos neste volume («A natureza da filosofia do direito» e «A natureza dos argumentos sobre a natureza do direito») como contribuições relativas à definição do objeto e do método da filosofia do direito. A filosofia do direito é uma disciplina filosófica similar à metaética, mas com um objeto distinto. Seu objeto de estudo não é a moral, mas o direito. Nesse mesmo sentido, a diferença entre a dogmática jurídica e a filosofia do direito parece ser análoga à diferença que existe entre a moral normativa e a metaética. A teoria moral normativa se ocupa de problemas morais clássicos como aqueles aos quais se referem as perguntas: «O que é devido do ponto de vista moral? Que tipo de ações são corretas ou incorretas? Que classe de pessoas devemos ser?» ou, em grandes linhas, «O que é dotado de valor moral?» ou «Como devemos viver nossa vida?» Como sustenta COPP (2006: 4), responder a essas perguntas implica levar adiante afirmações de tipo moral, ou, em outros termos, afirmações acerca do que é válido do ponto de vista moral.

Diferentemente, a metaética se ocupa de perguntas relativas às afirmações do tipo moral que se fazem no âmbito da teoria moral normativa. A metaética se pergunta, por exemplo, se existem verdades morais ou se o que existe é apenas um amálgama de sentimentos e atitudes humanas acerca dos problemas morais, já que não existe nenhuma propriedade que possa indicar se ditos sentimentos ou ditas atitudes são corretas ou incorretas. A metaética se ocupa do problema de saber se existem propriedades morais que permitam decidir acerca da correção ou falta de correção das afirmações que se fazem no âmbito da teoria moral normativa ou, em outras palavras, de saber se é possível um conhecimento moral. Noutros termos, indaga se é possível justificar as afirmações de conteúdo moral. Dessa forma, enquanto a teoria moral normativa implica emitir juízos de primeira ordem, a metaética implica emitir juízos de segunda ordem, ou seja, juízos acerca dos juízos de primeira ordem.

Uma relação análoga é a que existe entre a dogmática jurídica e a filosofia do direito. A dogmática jurídica – em suas diferentes áreas: direito constitucional, civil, penal, mercantil etc. – ocupa-se, essencialmente, da questão relativa ao que é válido do ponto de vista jurídico e de perguntas relativas a isso, tais como, «qual é a solução que o direito outorga a cada caso concreto?» ou «quais são as ações juridicamente permitidas, proibidas ou ordenadas?». Por sua parte, a filosofia do direito se ocupa de perguntas cuja resposta é por vezes necessária para responder às questões postas no âmbito da dogmática jurídica. A filosofia do direito se pergunta, por exemplo, «em que tipo de entidades consiste o direito? O que é que as conecta para fazê-las formar o conjunto denominado direito? Quais são as propriedades que caracterizam cada uma dessas entidades e tudo aquilo que denominamos direito?» As respostas a essas perguntas se expressam mediante juízos de segunda ordem, ou seja, juízos acerca dos juízos que se expressam na dogmática jurídica. A título de exemplo, pode-se dizer que, para responder, mediante um juízo de primeira ordem, à pergunta acerca do que é que o direito ordena para certo caso concreto, é necessário responder, mediante um juízo de segunda ordem, à questão sobre se certas entidades que regulam dito caso concreto pertencem ou não ao direito, e, portanto, devem ser consideradas como aquelas que expressam o dever jurídico atinente ao caso referido.

Pois bem, é possível inclusive pensar em um terceiro nível de reflexão, no qual, diga-se de passagem, certas vezes se situam as reflexões de ALEXY. Trata-se do âmbito da metateoria do direito. As reflexões no âmbito da metateoria do direito se expressam por meio de juízos de terceira ordem, ou seja, juízos acerca dos juízos que se emitem no âmbito da filosofia do direito. Desse modo, a metateoria do direito se ocupa de perguntas tais como: Que tipos de problemas são aqueles com os quais a filosofia do direito deve se confrontar?

Que tipos de argumentos se utilizam para definir em que tipo de entidade consiste o direito e o que é que lhes vincula para formar o todo denominado direito? Ou ainda, como é possível avaliar a correção das conclusões que derivam destes argumentos e das justificações que estes argumentos representam? Se a filosofia do direito é uma reflexão acerca da natureza do direito, a metateoria do direito é uma reflexão acerca da reflexão acerca da natureza do direito.

Com base neste marco conceitual é possível entender quais são as principias ideias que Robert Alexy expõe nestes escritos acerca da filosofia do direito, da metateoria do direito e do conceito e da natureza do direito. Em um intento de síntese, as enunciarei aqui de forma breve e pontual, sob a forma de teses.

2.1 Teses relativas à filosofia do direito

As principais teses que Alexy defende em relação à filosofia do direito são as seguintes:

(i) A filosofia do direito é um ramo da filosofia

De acordo com Alexy, a filosofia do direito é um ramo da filosofia. Alexy sustenta que a filosofia é a reflexão geral e sistemática sobre o que existe, sobre o que se deve fazer ou o que é bom e sobre como é possível o conhecimento acerca dessas duas coisas. Essa definição não esgota, senão apenas enuncia, os principais ramos da filosofia, ou seja, a metafísica ou ontologia, a ética e a epistemologia. Segundo Alexy, a filosofia do direito formula para si mesma estas perguntas, mas com relação a seu objeto específico, ou seja, o direito. Formular para si estas perguntas em relação ao direito é o que define a filosofia do direito como argumentação sobre a natureza do direito.

(i) O método da filosofia do direito é a análise sistemática dos argumentos acerca da natureza do direito

Alexy sustenta que, a fim de responder às perguntas acerca do que existe juridicamente, do que se deve fazer ou é bom juridicamente e de como é possível o conhecimento sobre estas duas coisas, a filosofia do direito parte de um estudo das diferentes pré-compreensões do direito e de suas relações com as propriedades do fenômeno jurídico. Isso se leva a cabo mediante uma análise sistemática dos argumentos expostos na discussão sobre a natureza do direito. Tais argumentos se referem a três problemas. O primeiro é: em que classe de entidades consiste o direito e como estão conectadas essas entidades de tal modo que se conformam à entidade global que denominamos «direito»? O segundo é: como se deve entender as propriedades que caracterizam a dimensão real ou fática do direito, em particular, a promulgação normativa e a eficácia social? O terceiro é: como se deve entender as propriedades que caracterizam a dimensão ideal ou crítica do direito, em particular, a correção ou legitimidade do direito e a relação entre o direito e a moral?

Em relação a esses problemas, ALEXY defende quatro teses: a tese da natureza geral, a tese do caráter específico, a tese da relação especial e a tese do ideal compreensivo.

(ii) A tese da natureza geral

A tese da natureza geral assinala que todos os problemas da filosofia podem apresentar-se na filosofia do direito.

(iii) A tese do caráter específico

A tese do caráter específico sustenta que existem problemas específicos da filosofia do direito. Estes se devem ao caráter específico do direito, que, para ALEXY, está determinado pela natureza dualista do direito, ou seja, pelo fato de que o direito tem duas dimensões, uma dimensão real ou fática e uma dimensão ideal ou crítica.

(iv) A tese da relação especial

A tese da relação especial assinala que existe uma relação especial entre a filosofia do direito e outras áreas da filosofia prática, especialmente a filosofia moral e a filosofia política.

Não é difícil descobrir que o fundamento desta tese radica na bem conhecida tese do caso especial, que ALEXY defendera em sua *Teoria da argumentação jurídica* (ALEXY, 2007a: 311). A tese do caso especial assinala que o discurso jurídico é um caso especial do discurso prático geral. Se isso é assim, resulta lógico que a disciplina que estuda o discurso jurídico, ou seja, a filosofia do direito, esteja também em uma relação especial com a filosofia prática, isto é, com a disciplina que estuda o discurso prático geral.

(v) A tese do ideal compreensivo

A tese do ideal compreensivo sustenta que a filosofia do direito pode ter sucesso unicamente caso se aceitem as três teses relativas à natureza geral, ao caráter especial e à relação especial. ALEXY explica que o contrário do ideal compreensivo é um máximo restritivo, cuja versão radical aconselharia que a filosofia do direito não se engajasse em problemas genuinamente filosóficos, delegaria à filosofia prática a solução de todos os problemas normativos e se concentraria exclusivamente no estudo da dimensão real ou fática do direito, que se expressa em seu caráter institucional ou normativo.

ALEXY, ao contrário, aduz que a filosofia do direitodeve formular perguntas genuinamente filosóficas em relação ao direito, assim como perguntas normativas, e que, junto com o esclarecimento da dimensão real ou fática do direito, deve explicar também a dimensão ideal ou crítica do mesmo, que se refere à correção ou à legitimidade do direito.

(vi) A filosofia do direito tem três dimensões: uma dimensão filosófica, uma dimensão técnica e uma dimensão crítica.

A filosofia do direito tem três dimensões: uma dimensão filosófica, uma dimensão técnica e uma dimensão crítica. A dimensão filosófica se refere à reflexividade cognitiva que é própria da filosofia do direito; a dimensão técnica tem a ver com a clarificação dos conceitos jurídicos, a arquitetura do sistema jurídico e a estrutura da argumentação jurídica; finalmente, a dimensão crítica se relaciona com o aperfeiçoamento do direito positivo mediante a crítica filosófica.

2.2 Teses relativas à metateoria do direito

(i) A natureza genuinamente filosófica de alguns dos argumentos acerca da natureza do direito

Alguns dos argumentos que se utilizam para o debate acerca da natureza do direito têm uma natureza genuinamente filosófica. Esse tipo de argumentos tem a ver com a questão de se é possível reduzir o direito a fenômenos pertencentes ao reino físico ou ao reino psíquico; ou se, pelo contrário, tal como sugere Hans KELSEN, as normas jurídicas, enquanto proposições (prescritivas), são entidades que não pertencem a nenhum desses reinos, mas a um terceiro reino no sentido de Gottlob FREGE.

Como se sabe, FREGE sustenta que os sentidos das palavras têm uma existência objetiva. São, deste modo, como os objetos físicos, como as árvores e os animais. Sua existência independe da mente humana. Eles existem em um terceiro reino que compõe o mundo, junto aos reinos do mental e do físico. Os sentidos das palavras obviamente não são entidades físicas, mas nem por isso dependem da mente das pessoas. Por exemplo, a proposição expressa por uma oração (por exemplo, «o céu está nublado») tem um valor de verdade – e, portanto, é verdadeira ou falsa – prescindindo-se do que alguém pense dela. Pois bem, o que ALEXY sustenta é que para determinar se o direito pode se reduzir a fenômenos físicos ou mentais ou se é uma entidade irredutível, pertencente a este terceiro reino, é necessário enfrentar o problema genuinamente filosófico de saber se na realidade existe um terceiro reino como aquele de que fala FREGE.

(ii) A natureza conceitual de alguns dos argumentos acerca da natureza do direito

De acordo com ALEXY, outros argumentos relativos à natureza do direito têm um caráter conceitual. No que concerne a esses argumentos, ALEXY está de acordo com Austin (cfr. Austin, 1970: 185) quando este sustenta que os argumentos conceituais não podem constituir a última palavra, mas a primeira palavra sobre uma análise acerca da natureza de uma coisa. Como exemplo de um argumento conceitual, Alexy invoca o argumento em favor de considerar a coerção como uma propriedade essencial do direito. Segundo esse argumento, o conceito de direito, tal como se usa no presente, exige pelo menos que algumas normas do sistema jurídico sejam exigíveis coercitivamente e que a coerção, pelo menos algumas vezes e para algumas pessoas, pode ser uma motivação para obedecer ao direito.

Outro argumento conceitual que Alexy invoca em sua teoria do direito é o argumento da correção. O argumento da correção se desenvolve em dois passos. Em um primeiro passo, se intenta mostrar que o direito erige necessariamente uma pretensão de correção. O segundo passo consiste em explicar que esta pretensão implica uma conexão necessária entre o direito e a moral. Este argumento é conceitual, na acepção segundo a qual o termo «conceitual» se entende em um sentido amplo que «contém a estrutura necessária de todos os atos de fala». De acordo com Alexy, um dos pressupostos necessários dos atos de fala por meio dos quais se desenvolve a prática jurídica é que ditos atos pretendem ser corretos e pretendem ser aceitos como corretos por parte da comunidade jurídica e da comunidade em geral. Esta é a chamada pretensão de correção. Pois bem, Alexy sustenta que esta pretensão implica uma conexão necessária entre direito e moral porque quando as razões provenientes do direito positivo não são suficientes para resolver os casos concretos, a pretensão de correção permite recorrer a razões de todos os tipos. Sem embargo, essa mesma pretensão outorga prioridade às razões de justiça – que são razões morais – sobre todas as outras razões que não estão baseadas no direito positivo – como, por exemplo, as razões de utilidade – para resolver tais casos concretos. A conclusão de Alexy é peremptória: «Isso já é suficiente para estabelecer que a pretensão de correção necessariamente se refere à argumentação moral quando a decisão não pode ser adotada apenas com base em razões procedentes do direito positivo», ou, expressado em termos mais concretos: «a pretensão de correção não somente implica o poder jurídico do juiz para aplicar razões morais nos casos difíceis; também implica a obrigação jurídica de fazê-lo quando isto seja possível».

(iii) A natureza prática ou normativa de alguns dos argumentos acerca da natureza do direito

Segundo Alexy, outros argumentos acerca da natureza do direito têm um caráter prático ou normativo. Os argumentos práticos ou normativos são relevantes, por exemplo, quando se aduz que o direito como tal ou algumas propriedades do mesmo são necessárias para levar a cabo certas funções ou para satisfazer às exigências de certos valores. Um argumento desta natureza é o que assinala que a coerção é uma propriedade essencial do direito porque é necessária para que o direito possa cumprir com os valores da certeza e da eficiência que lhe são inerentes. Outro argumento prático ou normativo que Alexy utiliza em sua teoria do direito é o argumento da injustiça extrema.

2.3 Teses relativas ao conceito e à natureza do direito

(i) A tese da natureza dualista

Esta tese expressa que o direito necessariamente implica duas dimensões: uma dimensão real ou fática e uma dimensão ideal ou crítica.

(ii) A tese da natureza dualista é incompatível com o positivismo – exclusivo e inclusivo – e com algumas versões radicais do não positivismo

Alexy sustenta que a tese da natureza dualista é incompatível tanto com o positivismo jurídico exclusivo como com o positivismo jurídico inclusivo. No mesmo sentido, esta tese é incompatível com algumas variantes do não positivismo, de acordo com as quais ou a validade jurídica é perdida em todos os casos em que existe um defeito ou um demérito moral (não positivismo jurídico exclusivo), ou dita validade não se deixa afetar de nenhuma maneira em função dos defeitos ou deméritos morais (a forma mais extrema de não positivismo jurídico inclusivo).

De acordo com Alexy, o positivismo jurídico exclusivo, segundo o qual está excluída toda possibilidade de incorporar argumentos morais ao direito, pois os argumentos morais são razões não autoritativas e o direito somente compreende razões autoritativas, afasta a existência de uma dimensão ideal ou crítica no direito e, por isso, é incompatível com a tese da natureza dualista do direito. Também o positivismo jurídico inclusivo resulta incompatível com esta tese. Segundo o positivismo jurídico inclusivo, a incorporação de tais argumentos não é necessária, mas apenas possível. O positivismo jurídico inclusivo resulta incompatível com a tese da natureza dualista, pois implicaria que não seria necessário, mas apenas possível, que o direito tivesse uma dimensão ideal ou crítica vinculada à correção.

Por sua parte, de acordo com o não positivismo, os argumentos morais que são indispensáveis para dar uma resposta bem fundada às questões jurídicas se incorporam necessariamente ao direito. Em princípio o não positivismo resulta compatível com a tese da natureza dualista. Sem embargo, não são compatíveis com esta tese algumas variações do não positivismo que afastam a existência da dimensão fática ou real do direito. Isso ocorre com a versão defendida pelo não positivismo exclusivo. O não positivismo exclusivo sustenta que os defeitos morais sempre têm como efeito a perda da validade jurídica. Esta versão do não positivismo é incompatível com a tese da natureza dualista porque submete por completo a dimensão fática ou real do direito à dimensão ideal ou crítica, de tal maneira que permite que esta afaste aquela por completo. Por sua parte, o não positivismo superinclusivo, que ALEXY exemplifica ao aludir à teoria do direito de KANT, sustenta que, apesar de existir uma conexão conceitual necessária entre direito e moral, os defeitos morais nunca repercutem na perda de validade jurídica. Diferentemente do não positivismo exclusivo, esta versão do não positivismo admite concessões injustificadas em favor da dimensão fática ou real do direito e contra a dimensão crítica ou ideal.

ALEXY sustenta que sua concepção do não positivismo inclusivo, que aceita a fórmula de RADBRUCH, de acordo com a qual apenas quando o direito é extremamente injusto ele perde validade, resulta sim compatível com a tese da natureza dualista do direito.

(iii) A coerção e a correção como propriedades essenciais do direito

ALEXY sustenta que a pergunta filosófica acerca de qual é a natureza de uma coisa indaga acerca das propriedades essenciais desta coisa. Do seu ponto de vista, caso se queira responder a esta pergunta em relação ao direito, ou seja, quais são as propriedades essenciais do direito, deve-se explorar quais são as propriedades que integram as suas dimensões real ou fática, por um lado, e ideal ou crítica, por outro. Estas propriedades são inerentes à natureza do direito onde quer que ele exista. Por esta razão, também repercutem sobre o conceito de direito.

Segundo ALEXY, na dimensão real ou fática se encontram três elementos centrais. O primeiro é a relação entre o direito e a coerção ou a força; o segundo, a relação entre o direito e a institucionalização de procedimentos de criação e aplicação de normas; e o terceiro, a relação entre o direito e o consentimento ou aceitação real acerca do mesmo. Destes elementos, nos escritos contidos neste volume, ALEXY faz apenas um escrutínio da coerção como propriedade essencial do direito. Junto a isso, ALEXY sustenta que a propriedade essencial do direito em sua dimensão ideal ou crítica é a correção. Esta propriedade tem a ver com a relação entre o direito e a moral.

(iv) A coerção como propriedade essencial do direito

Segundo ALEXY, vários argumentos justificam que se caracterize a coerção como uma propriedade essencial do direito. Um de tais argumentos é o argumento conceitual que já se mencionou. Sem embargo, o argumento de maior peso é o argumento prático normativo que sustenta que a coerção é um meio imprescindível para que o direito possa cumprir com as funções que lhe impõem os dois valores com os quais o direito tem uma conexão necessária, a saber, os valores da certeza e da eficácia jurídica.

(v) A correção como propriedade essencial do direito

Do ponto de vista de Alexy, duas são as propriedades essenciais do direito que caracterizam a correção como uma propriedade essencial do mesmo em sua dimensão ideal ou crítica: (1) o fato de o direito erigir uma pretensão de correção e (2) a circunstância de que, como expressa a conhecida fórmula de Radbruch, a extrema injustiça não é direito.

3. UM OLHAR CRÍTICO SOBRE AS TESES DE ROBERT ALEXY

Algumas das teses aqui defendidas por Robert Alexy foram objetos de crítica por parte de conhecidos autores. Talvez as teses mais criticadas tenham sido aquelas atinentes à existência de uma dimensão ideal ou crítica do direito e aos elementos que, segundo Alexy, compõem esta dimensão, ou seja, a pretensão de correção e a aceitação da ideia contida na fórmula de Radbruch, segundo a qual «a injustiça extrema não é direito». Nesse sentido, por exemplo, já são clássicas as objeções formuladas por Eugenio Bulygin e que, com as réplicas de Alexy, apareceram no volume *A pretensão de correção do direito. A polêmica acerca da relação entre direito e moral* (cfr. Alexy y Bulygin, 2001).

No mesmo sentido, são conhecidas algumas das críticas que apareceram no mundo anglo-saxão à tese contida na fórmula de Radbruch, segundo a qual a extrema injustiça não é direito. Nesse sentido, por exemplo, pode-se mencionar a crítica de Brian Bix, segundo a qual a fórmula de Radbruch se entende sem problema algum como uma orientação jurídica e moral dirigida ao juiz, de acordo com a qual o juiz deve se abster de aplicar as normas extremamente injustas que compõem um sistema jurídico perverso. Sem embargo, Bix refuta que possa se derivar dessa fórmula qualquer consequência para as teorias sobre a natureza do direito. Nesse sentido, a fórmula de Radbruch seria uma diretriz que estabelecer que o juiz não pode aplicar um direito que seja extremamente injusto, mas nunca uma prova de que exista uma conexão conceitual necessária entre o direito e a moral (Bix, 2008).

Junto a essas observações, cabe assinalar que talvez a crítica mais proeminente que se tenha dirigido contra a tese de Alexy acerca do conceito e da natureza do direito nos últimos anos provém de Joseph Raz e aparece publicada junto com as réplicas de Alexy sob o título: *The Argument From Injustice, or How Not to Reply to Legal Positivism* (O argumento da injustiça, ou sobre como não objetar o positivismo jurídico) no volume editado por Geroge Pavlakos: *Law, Rights and Discourse. The Legal Philosophy of Robert Alexy* (Raz, 2007: 17 s.). Entre as muitas coisas que discute Joseph Raz, incluem-se as asserções de que: (i) Alexy não identifica o positivismo corretamente – pois, enquanto Alexy sustenta que o que identifica o positivismo jurídico é a tese segundo a qual não existe uma conexão conceitual necessária entre o direito e a moral, os positivistas (pelo menos RAZ e MARMOR) assinalam que a ideia que os identifica é que determinar o que é o direito não depende necessariamente, ou conceitualmente, de considerações de tipo moral acerca do que o direito deva ser (RAZ, 2007: 22); (ii) que o direito eleva sim uma pretensão de correção, mas que esta não é uma pretensão de correção moral, senão um pressuposto linguístico óbvio de todo ato de fala – e portanto não pode ser uma propriedade particular dos atos de fala jurídicos (e nem, portanto, do direito enquanto tal); (iii) e que de nenhuma maneira a fórmula de RADBRUCH é inconsistente com o positivismo, pois esta doutrina entende que as próprias fontes do direito proíbem ao juiz aplicar normas jurídicas que sejam extremamente injustas.

Não é meu objetivo aqui trazer à colação novamente os argumentos da polêmica entre ALEXY e BULYGIN, nem mediar a discussão entre os positivistas anglo-saxões e ALEXY. Ao revés, gostaria de me permitir expressar algumas reflexões críticas que me suscitam as ideias que ALEXY expõe neste volume e que me permitiram sintetizar as teses anteriormente expostas.

Gostaria, sobretudo, de ressaltar que ALEXY não apresenta aqui (como tampouco o faz em seu livro *El concepto y la validez del derecho*) uma teoria do direito acabada, que cumpra as exigências próprias do objetivo elevado que sua filosofia do direito traça, mas meramente expõe um projeto a ser desenvolvido e sobre o qual ainda há muito para ser dito. Permita-se me explicar.

Das teses defendidas por ALEXY nos escritos que compõem este volume, as teses do ideal compreensivo e da natureza dualista parecem ser as mais importantes para construir uma teoria do direito *à la Alexy*. Para poder satisfazer as exigências do ideal compreensivo, esta teoria tem que explicar em quais classes de entidades o direito consiste e como estão conectadas estas entidades de modo que elas conformam a entidade global que chamamos «direito». Nesse sentido – e aqui entra em jogo a tese da natureza dualista –, dita teoria do direito tem que esclarecer: (i) como se deve entender as propriedades que caracterizam a dimensão real ou fática do direito – em particular, a promulgação normativa e a eficácia social; (ii) como se deve entender as propriedades que caracterizam a dimensão ideal ou crítica do direito – em particular, a correção ou legitimidade do direito e a relação entre o direito, em particular, a correção ou legitimidade do direito e a relação entre o direito e a moral; e (iii) como se relacionam a dimensão real ou fática do direito e a dimensão ideal ou crítica. Tudo isso deve ser feito com um olhar voltado para a ideia de que a filosofia do direito, enquanto espécie da filosofia, tem que utilizar os métodos filosóficos de análise, isso é, deve se adequar ao seu objeto e deve deixar clara qual é a sua relação com a filosofia prática geral.

Pois bem, a formulação de uma teoria deste calado vai muito além dos aspectos que ALEXY desenvolve nos escritos que aparecem neste volume, nomeadamente das teses de que a coerção e a correção são duas propriedades essenciais do direito e de que a correção se manifesta na pretensão de correção e no argumento da injustiça (que deriva da fórmula de RADBRUCH). A coerção e a correção, enquanto tais, não são «entidades» que possam conformar o direito. É bem certo que, principalmente em sua *Teoria dos direitos fundamentais* (ALEXY, 2007b: 63 e s.), ALEXY explica que as normas jurídicas se classificam em regras e princípios. Mas fica ainda a dúvida: são por acaso as regras e os princípios as «entidades» que conformam o direito? E se esse for o caso, que classe de entidades são essas?

Tenho de confessar que, à primeira vista, a tese da natureza dualista do direito me desperta todas as simpatias. Sem embargo, a comprovação científica da correção dessa tese exigiria uma exposição clara das entidades e propriedades que conformam o direito em cada uma dessas dimensões e de sua conexão. Por exemplo, na dimensão fática ou institucional, é bem claro que o direito é uma prática social. Mas que classe de prática social é o direito? E, além disso, qual é o substrato ontológico dessa prática social? Desde logo, o substrato ontológico de uma prática social não pode consistir senão nos indivíduos que, mediante suas ações e os estados mentais que lhes são relativos (intenções, crenças etc.), desenvolvem tal prática. Se isso é assim, então, uma teoria do direito que queira explicar a dimensão fática ou institucional do direito tem que esclarecer quais são os estados mentais e as ações dos indivíduos participantes na prática jurídica que são necessários para que o direito exista. Em outras palavras, é imprescindível esclarecer como é possível que, em um mundo onde só existem indivíduos, estes se comuniquem mediante a linguagem articulada e atuem em conjunto para criar a prática do direito. Este é o contexto próprio para explicar qual é a natureza das normas jurídicas, quais funções essas normas cumprem e que natureza têm as autoridades, instituições, o Estado e a coerção.

Com isso não se está querendo defender uma ideia reducionista do direito, que tente reduzir o fenômeno jurídico à psicologia ou à mente humana. O direito é uma realidade que vai muito além dos estados mentais dos indivíduos que participam na prática jurídica. Não obstante, ainda que se admitisse, como sugere ALEXY ao citar KELSEN, que o direito é um conjunto de normas – regras e princípios – e que essas normas existem em um terceiro reino *à la Frege*, o reino dos objetos abstratos – que, como os significados das palavras, existem independentemente da mente humana e tampouco são realidades naturais como as árvores e as montanhas –, seria necessário esclarecer quais são as propriedades deste terceiro reino e, além disso, como este terceiro reino se relaciona na prática jurídica com os elementos que a integram e que pertencem aos outros dois reinos, ou seja, os indivíduos e suas ações – que pertencem ao reino dos objetos naturais – e as intenções que os levam a atuar em busca do desenvolvimento da prática jurídica – que pertencem ao reino dos objetos dependentes da mente humana.

É inegável que os positivistas jurídicos são quem mais contribuíram ao esclarecimento desta dimensão fática ou institucional do direito. Um exemplo disso são as teorias de Postema (cfr. Postema, 1982, 1998, 2003 e 2004), Coleman, Kutz e hoje em dia – talvez o autor que está elaborando melhor todas essas teorias – Scott Shapiro, que tentam explicar quais são as entidades que compõem a prática jurídica em termos das mais avançadas teorias acerca da filosofia da mente, da filosofia da ação e da ontologia social (ver, sobre todas essas teorias jurídicas: Sánchez, 2007). Estes autores sustentam que a prática jurídica é um conjunto de pelo menos três práticas interconectadas. Cada prática é desenvolvida por um grupo. Uma das práticas é aquela que levam a cabo os funcionários do Estado que criam as normas jurídicas. Uma segunda prática é aquela que desenvolvem os juízes e os demais funcionários do Estado que aplicam as normas jurídicas. Finalmente, também os destinatários das normas jurídicas levam a cabo uma prática, ao obedecer tais normas (Cfr. Sánchez, 2007).

Na literatura, os autores mais relevantes se concentram na prática que levam a cabo os funcionários que aplicam as normas jurídicas, pois consideram que ela é uma prática peculiar do direito. Os autores mais representativos, alguns dos quais são os já mencionados, desenvolveram pelo menos duas formas de explicar a natureza da prática da aplicação de normas jurídicas. Uma primeira aproximação, que se desenvolveu sobretudo durante os anos oitenta e noventa, assinala que o fundamento dessa prática é uma convenção, tal como David Lewis entende este conceito, ou seja, como uma regularidade amplamente observada por um grupo de indivíduos.[4] Desse ponto de vista, por exemplo, Postema assinala que a prática jurídica (e seu fundamento, que para Postema radica na regra de reconhecimento postulada por Hart):

> «implica uma convenção, ou seja, uma regularidade no comportamento dos funcionários que aplicam o direito e dos cidadãos nas situações em que é necessário identificar quais são as normas jurídicas válidas, de tal maneira que parte da razão pela qual a maioria dos funcionários atua conforme a regularidade é que se sabe publicamente que a maioria dos funcionários e dos cidadãos atua conforme a regularidade e que a maioria dos funcionários e dos cidadãos esperam que a maioria dos demais funcionários e cidadãos atue conforme à regularidade» (Postema, 1982: 198).

A segunda e mais recente aproximação é a de alguns autores como Coleman (cfr. Coleman, 1982, 2001a e 2001b), Kutz (cfr. Kutz, 2001), Sánchez (cfr. Sánchez, 2008), e, especialmente, Scott Shapiro (cfr. Shapiro 2002, 2007), que buscam analisar a prática jurídica como uma ação coletiva intencional. A ideia básica dessa aproximação – cuja explicação completa

---

4. Cfr. A análise das convenções segundo Lewis, 2002.

desde logo desborda o objetivo desta introdução aos textos de ALEXY[5] – consiste em assinalar que a prática jurídica pode ser entendida como uma ação coletiva intencional desenvolvida pelos agentes que criam, aplicam e obedecem ao direito. Nesse sentido, a prática jurídica, por uma parte, compartilha sua ontologia com outras ações coletivas intencionais mais simples, tais como cantar um dueto, bailar um tango, jogar xadrez ou jogar futebol, mas, por outra parte, tem certas características particulares que se relacionam – como expõe brilhantemente SHAPIRO (cfr. SHAPIRO 2002, 2007) – com seu caráter massivo e com o fato de que a prática jurídica implica o exercício da autoridade por parte de alguns de seus agentes sobre outros.

É inegável que, apesar das objeções que se possa fazer valer contra esse tipo de teorias (cfr., por exemplo, SMITH, 2006), elas parecem avançar o objetivo de esclarecer quais tipos de entidades compõem o direito em sua dimensão fática ou institucional. Este tipo de análise resulta imprescindível para qualquer teoria que queira cumprir com a tese do ideal compreensivo e com a tese da natureza dualista do direito.

Ademais, se a tese da natureza dualista de ALEXY for correta, então também será necessário explicar quais são as propriedades essenciais do direito em sua dimensão crítica ou ideal e como se relacionam essas propriedades com as entidades que compõem o direito em sua dimensão fática ou institucional. Sem dúvida alguma, o grande mérito que possui a teoria de ALEXY é ter postulado com clareza meridiana os argumentos da correção, da injustiça extrema e dos princípios (este argumento aparece na obra *O conceito e a validade do direito*) como as três razões de maior poder que podem levar a pensar que existe uma conexão conceitual necessária entre o direito e a moral e que essa relação é a propriedade essencial do direito em sua dimensão ideal ou crítica. Nesse sentido, as teses de ALEXY retomam as bandeiras da teoria do direito natural, tal como postularam Tomás de Aquino ou os clássicos da escola de Salamanca, e em tempos mais recentes autores como John FINNIS em Oxford, mas lhes dão formulações mais sólidas e plausíveis, que não se referem à existência de um direito natural atemporal e imutável, ao qual o direito positivo deva corresponder, mas à existência de uma moral crítica viva na opinião pública, que busca incessantemente o correto e permite identificar umbrais extremos de injustiça, como aqueles que se ultrapassam quando se violam os direitos humanos.

Contudo, mesmo na perspectiva dessa dimensão ideal ou crítica restam muitas perguntas por ser respondidas e muitos aspectos por desenvolver. Somente para mencionar algumas questões, pode-se assinalar que ainda não está claro qual das teorias morais existentes – o consequencialismo, a deonto-

---

5. Para um estudo completo dessas teorias, ver SÁNCHEZ, 2008. Agradeço ao autor por me haver permitido ler o manuscrito de sua monografia antes da publicação.

logia ou a ética da virtude – e qual das variantes dessas teorias é a que permite reconhecer as razões de justiça que devem prevalecer sobre os outros tipos de razões não jurídicas, quando as razões jurídicas se esgotem para resolver um caso concreto. Não está ainda completamente claro, portanto, quais são as razões que permitem que o direito satisfaça a sua pretensão de correção moral. No mesmo sentido, não está claro qual dessas teorias pode permitir indicar em que ponto se ultrapassa o umbral de extrema injustiça, de tal maneira que as normas que ultrapassem esse limite não possam ser consideradas normas jurídicas pois, de acordo com a fórmula de Radbruch, estão chamadas a perder sua validade.

Resolver todas essas questões é o trabalho a que convidam as colocações de Robert Alexy e aos quais com segurança estará comprometida a filosofia do direito nos anos vindouros.

4. ADENDO BIBLIOGRÁFICO SOBRE A TEORIA DO DIREITO DE ROBERT ALEXY

4.1 Escritos de Robert Alexy

Alexy, R., 1990: «Zur Kritik des Rechtspositivismus», Archiv für Rechts- und Sozialphilosophie, *Beiheft* 37: 9-26. Versão em inglês: «On Necessary Relations Between Law and Morality», *Ratio Juris,* vol. 2, 1989: 167-183. Tradução para o espanhol de Larrañaga, P: «Sobre las relaciones necesarias entre el derecho y la moral», em: Alexy, R., 1993: *Derecho y razón práctica,* México: 37-58; e reimpresso em Vázquez, R. (ed.), 1998: *Derecho y moral. Ensayos sobre el debate contemporáneo,* Barcelona: 115-137.

— 1992: *Begriff und Geltung des Rechts*, Friburgo: München, 4.ª ed., 2005. Tradução para o espanhol de Seña, J., 1997: *El concepto y la validez del derecho*, Barcelona: Gedisa, 1994; 2.ª ed., 1997. Tradução para o italiano de Fiore, F., 1997: *Concetto e validità del diritto,* Einaudi, Turin. Tradução para o inglês de Paulson, B. e Paulson, S., 2002: *The Argument from Injustice. A Reply to Legal Positivism,* Oxford: Clarendon Press.

— 1992: «Zur Verteidigung eines nichtpositivistischen Rechtsbegriffs», em: *Öffentliche oder private Moral?* Festschrift für Ernesto Garzón Valdés, Krawietz, W. e Von Wright, G. (eds.), Berlin: 85-108.

— 1993: *Mauerschützen. Zum Verhältnis von Recht, Moral und Strafbarkeit,* Hamburgo. Reimpresso en: Alexy, R., Koch H-J., Kuhlen, L. e Rüssmann, H., 2003: *Elemente einer juristischen Begründungslehre,* Baden-Baden: 469-492. Tradução para o español de Sodero, E.: *Mauerschützen. Acerca de la relación entre derecho, moral y punibilidad,* em: Vigo, R. (ed.), 2004: *La injusticia extrema no es derecho. De Radbruch a Alexy,* Buenos Aires: 167-195.

— 1994: «A Definition of Law, in: Prescriptive Formality and Normative Rationality», em *Modern Legal Systems.* Festschrift für Robert S. SUMMERS, KRAWIETZ, W., MAC-CORMICK, N. e VON WRIGHT, G. (eds.), Berlin: 101-107.

— 1997: *Der Beschluß des Bundesverfassungsgerichts zu den Tötungen an der innerdeutschen Grenze vom 24.* Hamburgo, Oktober 1996. Tradução para o espanhol de Oliver-Lalana, A., 2000: Derecho injusto, retroactividad y principio de legalidad penal. La doctrina del Tribunal Constitucional Federal alemán sobre los homicidios cometidos por los centinelas del Muro de Berlín, *Doxa*, vol. 23: 197-230; Reimpresso em VIGO, R. (ed.), 2004: *La injusticia extrema no es derecho. De Radbruch a Alexy*, Buenos Aires: 197-225.

— 1997: «BULYGINS Kritik des Richtigkeitsarguments», em: GARZÓN VALDÉS, E., KRAWIETZ, W., VON WRIGHT, G. e ZIMMERLING, R., 1997: *Normative Systems in Legal and Moral Theory.* Festschrift für Carlos E. Alchourrón und Eugenio Bulygin: 235-250. Tradução para o espanhol de Gaido, P.: «La crítica de Bulygin al argumento de la corrección», em: ALEXY, R. e BULYGIN, E., 2001: *La pretensión de corrección del derecho. La polemica Alexy/Bulygin sobre la relación entre derecho y moral,* Bogotá: 53-84.

— 1997: «Giustizia come correttezza», *Ragione Pratica*, vol. 9: 103-113 (a tradução para o italiano foi de Bruno Celano). Tradução para o espanhol de Haquín, A., 2003: «Justicia como corrección», *Doxa*, vol. 26: 161-171; segunda tradução para o espanhol de Seoane, J. e Sodero, E.: «Justicia como corrección», em: ALEXY, R., 2005: *La institucionalización de la justicia*, Granada: 55-67.

— 1998: «Law and Correctness», em FREEMAN, M. (ed.), *Legal Theory at the End of the Millennium, Current Legal Problems,* vol. 51: 205-221. Versão em alemão: «Recht und Richtigkeit», em: KRAWIETZ, W., SUMMERS, R., WEINBERGER, O., VON WRIGHT, G., 2000: *The Reasonable as Rational?* On Legal Argumentation and Justification. Festschrift für Aulis Aarnio, Berlin: 3-19. Tradução para o espanhol de Seoane, J., e Sodero, E.: «Derecho y corrección», em: R. ALEXY, 2005: *La institucionalización de la justicia,* Granada: 31-54.

— 1999: «A Defence of Radbruch's Formula», em: DYZENHAUS, D. (ed.), *Recrafting the Rule of Law: The Limits of Legal Order.* Oxford: Portland Oregon: 15-39; reimpresso em: FRIEDMAN, M. D. A. (ed.), 2001: Lloyd's Introduction to Jurisprudence, 7.ª ed., Londres: 374-391. Tradução ao espanhol de Seone, J., 2001: «Una defensa de la fórmula de Radbruch», *Anuario da Faculdade de Direito da Universidade da Coruña,* vol. 5: 75-95; reimpresso em: VIGO, R. (ed.), 2004: *La injusticia extrema no es derecho. De Radbruch a Alexy,* Buenos Aires: 227-251.

— 1999: «My Philosophy of Law: The Institutionalisation of Reason», em WINTGENS, L. (ed.). The Law in philosophical Perspectives, Kluwer, Dordrecht-Boston-London: 23 e ss. Tradução para o espanhol de Seoane, J., 2000: «La institucionalización de la razón», em: *Persona y Derecho*, vol. 43: 217-249.

— 2000: «On the Thesis of a Necessary Connection between Law and Morality: Bulygin's Critique», *Ratio Juris,* vol. 2: 138 e ss.

— 2001: «Law and Morality: A Continental-European Perspective», em: SMELSER, N. e BATES, P. (ed.), *International Encyclopedia of the Social & Behavioral*

Sciences, Amsterdam, Paris, Nova York, Oxford, Shannon, Singapura, Tóquio: 8465-8469. Versão alemã: 2002: «Recht und Moral», em: *Marburger Jahrbuch Theologie*, n. 14: 83-92. Tradução para o espanhol de Seoane, J. e Sodero, E.: «Derecho y moral», em: ALEXY, R., 2005: *La institucionalización de la justicia*. Granada: Comares: 17-29 e reimpresso em FERRER MAC-GREGOR, E. (ed.), 2005: *Interpretación Constitucional*, Tomo 1, México: 1-10.

— 2005: «Acerca de dos yuxtaposiciones: concepto y naturaleza, derecho y filosofía. Algunos comentarios sobre "¿Puede haber una teoría del derecho" de Joseph RAZ», em RAZ, J., ALEXY R., e BULYGIN E., *Una discusión sobre la teoría del derecho*. Barcelona: Marcial Pons: 87-98.

— 2005: «The Separation between Law and Morality. A debate between Robert Alexy and Andrei Marmor», em: ESCAMILLA, M., e SAAVEDRA, M. (eds.), Law and Justice in a Global Society. Sesion plenaria del 22.º Congreso Mundial de la Asociación Internacional de Filosofía Jurídica y Social Granada 2005 (Anales de la Cátedra Francisco Suárez, vol. 39), p. 769-793. A tradução ao espanhol: «La Separación entre el Derecho y la Moral. Debate entre Robert Alexy y Andrei Marmor», aparece nas páginas 743 a 768 do mesmo volume.

— 2006: «Effects of Defects - Action or Argument? Thoughts about Deryck Beyleveld and Roger Brownsword's Law as a Moral Judgment», *Ratio Juris*, n. 19: 169-179.

ALEXY, R. y BULYGIN, E., 2001: *La pretensión de corrección en el derecho. La polémica sobre la relación entre derecho y moral*. Universidad Externado de Colombia, Bogotá.

4.2 Literatura secundária sobre a teoria do direito de Robert Alexy

AUER, M., 2007: «Normativer Positivismus - Positivistisches Naturrecht. Zur Bedeutung von Rechtspositivismus und Rechtsethik», em: HELDRICH, A., PRÖLSS J., y KOLLER I. (ed.), *Festschrift für Claus-Wilhelm Canaris zum 70*. Munich: Geburtstag: 931-962.

BÄCKER, C., 2008: *Begründen und Entscheiden. Kritik und Rekonstruktion der Alexyschen Diskurstheorie des Rechts*, Baden-Baden.

BERTEA, S., 2007: «How Non-Positivism can Accommodate Legal Certainty», en: PAVLAKOS, G. (ed.), *Law, Rights and Discourse. The Legal Philosophy of Robert Alexy*, p. 69-82.

BUCHHOLZ-SCHUSTER, E., 1998: «Rechtsphilosophische Legitimation der Rechtspraxis nach Systemwechseln», Berlin, especialmente em pp. 133-138 y 235-241.

BULYGIN, E., 1993: «Alexy und das Richtigkeitsargument», em: AARNIO, A., PAULSON, S., WEINBERGER, O., VON WRIGHT, G., y WYDUCKEL, D. (ed.), *Rechtsnorm und Rechtswirklichkeit. Festschrift für Werner Krawietz*, Berlin: 19-24.

ENGLÄNDER, A., 1997: Zur begrifflichen Möglichkeit des Rechtspositivismus. Eine Kritik des Richtigkeitsarguments von Robert Alexy, en: *Rechtstheorie*, n. 28: 437-485.

GARCÍA FIGUEROA, A., 1998: *Principios y positivismo jurídico,* Centro de Estudios Constitucionales, Madrid.

— 2003: «Kant y Alexy: reglas, principios y unidad del discurso práctico. Una lectura actual de la filosofía jurídica kantiana», em CASTRO A. *et alii* (eds.). *A propósito de Kant*. Estudios conmemorativos en el Bicentenario de su muerte. Sevilla: Lagares: 197 e ss.

— 2006: «Bemerkungen zu einer dispositionellen Erklärung des Rechts anhand der Diskussion der Verbindungs- und Trennungsthese», em: *Archiv für Rechts- und Sozial-philosophie*, n. 92: 363-381.

GARCÍA MANRIQUE, R. (ed.), 2008: *Robert Alexy, Derechos sociales y ponderación.* Madrid: Fundación Coloquio Jurídico Europeo.

GRIL, P., 1998: Die Möglichkeit praktischer Erkenntnis aus Sicht der Diskurstheorie. Eine Untersuchung zu Jürgen Habermas und Robert Alexy, Berlin.

HABERMAS, J., 1994: *Faktizität und Geltung,* 4. ed., Frankfurt am Main, esp. p. 281-285.

HOERSTER, N., 2006: *Was ist Recht?,* Munich, esp. p. 84-88.

KAUFMANN, A., 1993: «Rezension von R. Alexy, Begriff und Geltung des Rechts», em: *Juristenzeitung*, n. 48: 457-458.

KAUFMANN, M., 1996: *Rechtsphilosophie*, Friburgo e Munique, esp. p. 199-219.

KLEMENT, J. H., 2008: «Von Nutzen einer Theorie, die alles erklärt», *Juristen-Zeitung,* n. 63: 756-763.

LIEBER, T., 2007: *Diskursive Vernunft und formelle Gleichheit,* Tubinga, esp. p. 239-259.

MACCORMICK, N., 2007: «Why Law Makes no Claims», em: PAVLAKOS, G. (ed.), *Law, Rights and Discourse. The Legal Philosophy of Robert Alexy*, p. 59-88.

NEUMANN, U., 1994: «Rezension von R. Alexy, Begriff und Geltung des Rechts», em: *Protosoziologie*, n. 6: 241-247.

OSTERKAMP, T., 2004: *Juristische Gerechtigkeit*, Tubinga, esp. p. 33-34, 55-57 e 107-111.

PAVLAKOS, G., 2007: «Two Concepts of Objectivity», em: PAVLAKOS, G. (ed.). *Law, Rights and Discourse. The Legal Philosophy of Robert Alexy,* p. 83-108.

VON DER PFORDTEN, D., 2001: *Rechtsethik*, Munich, esp. p. 100-112, 176-182 e 197-202.

RAZ, J., 2005: «Teoría y conceptos. Una respuesta a Alexy y Bulygin», em RAZ, J., ALEXY R., e BULYGIN E., *Una discusión sobre la teoría del derecho*. Barcelona: Marcial Pons.

— 2007: «The Argument From Injustice, or How Not to Reply to Legal Positivism» em: PAVLAKOS, G. (ed.). *Law, Rights and Discourse. The Legal Philosophy of Robert Alexy*, p. 17-35.

STARCK, C., 1993: «Rezension von R. Alexy, Begriff und Geltung des Rechts», em: *Der Staat*, n. 32: 473-478.

SZÉKESSY, L., 2002: *Gerechtigkeit und inklusiver Rechtspositivismus*, Berlin, esp. p. 79-98.

VASSILOYANNIS, P., 2007: «Discourse Ethics, Legal Positivism and the Law», em: PAVLAKOS, G. (ed.). *Law, Rights and Discourse. The Legal Philosophy of Robert Alexy*, p. 109-130.

4.3 Bibliografia do Estudo Introdutório

ALEXY, R., 1994: *El concepto y la validez del derecho,* Barcelona: Gedisa.

— 2005: «Acerca de dos yuxtaposiciones: concepto y naturaleza, derecho y filosofía. Algunos comentarios sobre "¿Puede haber una teoría del derecho" de Joseph Raz», Barcelona: Marcial Pons: 87-98.

— 2007a: *Teoría de la argumentación jurídica*, Madrid: Centro de Estudios Políticos y Constitucionales.

— 2007b: *Teoría de los derechos fundamentales,* Madrid: Centro de Estudios Políticos y Constitucionales.

ALEXY, R. e BULYGIN, E., 2001: *La pretensión de corrección en el derecho. La polémica sobre la relación entre derecho y moral*, Bogotá: Universidad Externado de Colombia.

AUSTIN, J. L., 1970: «A Plea for Excuses», em AUSTIN, J. L., *Philosophical Papers*. 2ª ed. URMSON, J. O. y WARNOCK G. J. (eds.). Oxford: Clarendon Press: 175-204.

BIX, B., 2008: «El Radbruch de Alexy», em BIX, B., *Lenguaje, teoría y derecho*, Bogotá: Univesidad Externado de Colombia.

COLEMAN, J., 1982: «Negative and Positive Positivism», *Journal of Legal Studies*, n. 11: 139 e ss.

— 2001a: «Incorporationism, Conventionality and the Practical Difference Thesis», em COLEMAN J. (ed.), *Hart's Postscript.* Oxford: Oxford University Press: 99 e ss.

— 2001b: *The Practice of Principle.* Oxford: Oxford University Press.

COPP, D., 2006: «Introduction: Metaethics and Normative Ethics», em COPP, D. (ed.), *The Oxford Handbook of Ethical Theory*. Oxford: Oxford University Press.

KUTZ, C., 2001: «The Judicial Community», *Philosophical Issues*, n. 11: 442 e ss.

POSTEMA, G., 1982: «Coordination and Convention at the Foundations of Law», *Journal of Legal Studies*, n. 11: 185 e ss.

— 1998: «Contenvions at the Fondations of Law», em NEWMAN, P., (ed.), *The New Palgrave Dictionary of Economics and Law,* p. 465 e ss.

— 2003: «Law's Melody», *Associations*, n. 7: 227 e ss.

— 2004: «Melody and Law's Mindfulness of Time», *Ratio Juris*, n. 17: 203 e ss.

RAZ, J., 2007: «The Argument From Injustice, or How Not to Reply to Legal Positivism» en: PAVLAKOS, G. (ed.), *Law, Rights and Discourse. The Legal Philosophy of Robert Alexy*, p. 17-35.

SÁNCHEZ, R., 2008: Groups, Rules, and Legal Practice, manuscrito.

SHAPIRO, Scott, 2002: «Laws, Plans, and Practical Reason», *Legal Theory,* n. 8: 387 e ss.

— 2007: *Legal Practice and Massively Shared Agency*, manuscrito, disponível na internet no sítio http://www.law.yale.edu/yclp/papers.html. Acesso: 15 de agosto de 2008.

SMITH, M., 2006: «The Law as a Social Practice: Are Shared Activities at the Foundations of Law?», *Legal Theory*, n. 12: 265 ss.

I
A NATUREZA DA FILOSOFIA DO DIREITO[1]

A questão da natureza da filosofia do direito conecta dois problemas. O primeiro concerne à natureza da filosofia em geral, e o segundo ao caráter especial daquela parte da filosofia que denominamos «filosofia do direito».

1. A NATUREZA DA FILOSOFIA

Há tantas escolas, métodos, estilos, sujeitos e ideais acerca da filosofia que é difícil explicar a sua natureza. Uma explicação geral da natureza da filosofia pressuporia que todas ou pelo menos a maior parte das diferentes concepções da filosofia que até o presente apareceram na história de tal matéria tivessem algo em comum, que pudesse ser concebido como o sentido focal ou o conceito de filosofia.

Talvez a nota mais geral do conceito de filosofia seja a reflexividade. A filosofia é reflexiva porque ela é um raciocínio sobre o raciocinar. A filosofia é um raciocínio sobre o raciocinar, pois seu sujeito – a prática humana de conceber, de um lado, o mundo, a si mesmo e as outras mentes e, de outro lado, a ação humana – é essencialmente determinado por razões.

Ter uma concepção do mundo, de si mesmo, e de outras mentes é ter uma concepção sobre o que é. A ação, por outro lado, pressupõe uma concepção sobre o que deve ser feito ou sobre o que é bom. Raciocinar acerca da questão geral do que é o caso é o que define a metafísica enquanto ontologia; raciocinar acerca da questão do que deve ser feito ou é bom é o que define

---

1. Tradução do texto original publicado em 2004: *Ratio Juris*, 17 (2): 156-167.

a ética. A prática humana não somente está baseada – na maior parte das vezes implicitamente – em respostas a ambas essas questões, como também inclui – novamente, na maior parte das vezes de forma implícita – numerosas respostas à terceira questão de interesse para a filosofia: a questão de como justificar nossas crenças sobre o que há e sobre o que deve ser feito ou é bom. Essa questão define a epistemologia. A filosofia tenta tornar explícitas as pressuposições ontológicas, éticas e epistemológicas implícitas na prática humana.

A reflexividade explícita é necessária, embora não suficiente, para explicar a natureza da filosofia. Um professor que abomine que seus estudantes masquem chicletes durante suas lições pode se tornar reflexivo ao perguntar a si mesmo quais são as razões para essa atitude, mas isso não é suficiente para que ele se torne um filósofo. A reflexividade deve estar associada a outras duas propriedades se ela deseja ser vista como capturando algo de natureza genuinamente filosófica. A reflexão deve ser sobre questões gerais ou fundamentais, e essa reflexão deve ser de um tipo sistemático. A definição de filosofia mais curta e mais abstrata, apesar de verdadeiramente compreensiva, talvez possa ser enunciada do seguinte modo: A filosofia é uma reflexão geral e sistemática sobre o que é, o que deve ser ou é bom, e sobre como o conhecimento sobre ambos é possível.

Essa explicação de nenhuma maneira pretende ser exaustiva quanto a seu objeto. Sua brevidade exclui essa possibilidade, e pode ser que até mesmo uma explicação muito mais elaborada jamais seja capaz de exaurir a natureza da filosofia, pois por trás ou em meio a todos os conceitos que alguém pode usar para explicar a sua natureza pode haver algo que não pode ser capturado conceitualmente, apesar do fato de que a filosofia é uma atividade conceitual. Nossa explicação, portanto, somente pode pretender prover um ponto de partida para uma resposta à questão acerca da natureza da filosofia do direito. Pode-se assumir que esta questão tem – assim como a filosofia do direito em si mesma – uma certa autonomia, de modo que nós precisamos de um entendimento geral acerca da natureza da filosofia apenas como o primeiro passo e não como uma base final e completa sobre a qual o nosso entendimento da natureza da filosofia do direito possa repousar, como uma casa sobre as suas fundações.

Minha definição de filosofia enquanto reflexão geral e sistemática sobre o que é, sobre o que deve ser ou é bom e sobre como o conhecimento acerca de ambas as questões é possível leva, apesar de seu caráter extremamente abstrato e provisório, a três corolários importantes para os nossos propósitos. Primeiramente, uma reflexão necessariamente possui uma dimensão crítica. Refletir sobre o que é, o que deve ser feito ou é bom e sobre como nós podemos saber é perguntar por e arguir sobre o que objetivamente existe, o que é verdadeiro ou correto, e o que está justificado. Caso se defina a normatividade como a habilidade de distinguir o que é correto daquilo que é incorreto, essas questões são questões normativas. A filosofia enquanto uma empresa necessariamente reflexiva necessariamente possui, portanto, uma dimensão normativa. O caráter geral e sistemático da reflexão filosófica leva, em segundo lugar, a uma dimensão analítica da filosofia e, em terceiro lugar, a uma dimensão sintética ou holística. A dimensão analítica é definida pela tentativa de identificar e tornar explícitas as estruturas fundamentais do mundo natural e social em que vivemos e os conceitos e princípios fundamentais por meio dos quais nós podemos capturar ambos os mundos. Sem essa embocadura analítica, a filosofia não poderia ser nem geral e nem sistemática em um sentido substantivo.

Na filosofia do direito, a dimensão analítica concerne a conceitos como o de norma, «dever-ser», pessoa, ação, sanção e instituição. A dimensão sintética é definida pela tentativa de unir tudo isso em um todo coerente. Uma imagem profundamente embasada e coerente acerca do que é, do que deve ser feito ou é bom, bem como daquilo que nós podemos saber, é a ideia regulativa da filosofia ou, em termos mais simples, é o seu fim último. Isso implica que a filosofia é necessariamente holística. Nossa definição de filosofia deveria portanto ser complementada pela seguinte, que está implicada pela definição: A filosofia é normativa (ou crítica), analítica e holística (ou sintética). Os três conceitos da definição (reflexiva, geral e sistemática), e os três conceitos do seu corolário (normativa, analítica e holística), são descrições das mesmas coisas a partir de perspectivas diferentes.

2. PRÉ-COMPREENSÕES E ARGUMENTOS

A filosofia do direito, enquanto filosofia, é uma reflexão de tipo geral e sistemático, a qual possui, exatamente como a filosofia em geral, uma dimensão normativa, uma analítica e uma holística. Sua diferença específica consiste no seu objeto: o direito. A filosofia do direito não está direcionada genericamente a questões acerca do que há, do que deve haver ou ser feito, e do que pode ser conhecido, mas especificamente a essas três questões no que se refere ao direito. Formular essas questões com referência ao direito é indagar acerca da natureza do direito. Isso parece levar naturalmente à definição da filosofia do direito como uma argumentação (ou raciocínio) acerca da natureza do direito.

Isso, no entanto, parece causar um problema. Trata-se de um problema de circularidade, que reside no fato de, por um lado, a filosofia não poder ser definida sem usar o conceito de direito e, de outro lado, ela possuir a tarefa – enquanto raciocínio sobre a natureza do direito – de explicar o que o direito é. Como pode a filosofia do direito começar a explicar o que o direito é, quando é impossível dizer o que é filosofia do direito sem saber o que o direito é? Essa circularidade, contudo, não é de caráter vicioso, mas sim virtuoso. Não é outra coisa senão uma versão do círculo hermenêutico, e deve ser resolvida do mesmo modo que todas as variantes desse círculo: iniciando-se com as pré-compreensões sugeridas pela prática estabelecida e as elaborando através da reflexão crítica e sistemática.

A pré-compreensão acerca do direito não é apenas a pré-compreensão acerca de uma entidade que é altamente complexa em si mesma. A essa complexidade se adiciona – enquanto segunda complexidade – que a pré-compreensão enquanto tal é capaz de variações extremas. A escala se estende desde a concepção do «homem mau», de Holmes (1897: 459), que define um ponto de vista externo do tipo desengajado, até a do Juiz Hércules, de Dworkin (1977: 105), que representa um ponto de vista interno do tipo idealista. A filosofia do direito é uma empresa que é a um só tempo sistemática e crítica e que não pode partir apenas de uma pré-compreensão. Ela tem de considerar todas as pré-compreensões possíveis e, ademais, analisar a relação de todas essas com todas as características gerais do direito.

O requisito de levar em consideração, de um lado, todas as pré-compreensões que podem ser encontradas no direito e na filosofia do direito e, de outro lado, todas as características do direito, sugere a ideia de algo como um catálogo de todos os pontos de vista e de todas as características. Mas como poderia o estudioso da filosofia do direito compor essa lista? Simplesmente recolher e coletar cada aproximação e cada característica que aparece na história ou hoje em dia seria, como diz Kant, «não um *sistema racional*, mas um agregado colhido ao azar» (Kant 1996b: 493; tradução alterada).[2] Não é necessário argumentos para dizer que isso seria incompatível com o caráter crítico e sistemático da filosofia. A reflexão filosófica demanda um sistema. É, entretanto, muito mais fácil dizer que um mero agregado – ou, como Kant às vezes coloca, uma «rapsódia» (Kant 1996a: 755) – não é suficiente do que dizer como um sistema conceitual adequado ou uma estrutura fundamental adequada podem ser construídos. A melhor resposta parece ser esta: não por meio de uma teoria abstrata da filosofia do direito, mas pela análise sistemática dos argumentos aduzidos na discussão acerca da natureza do direito. Nenhum outro procedimento parece se ajustar melhor ao caráter geral da filosofia do direito como argumentação ou raciocínio acerca da natureza do direito.

3. TRÊS PROBLEMAS

Os argumentos sobre a natureza do direito giram em torno de três problemas. O primeiro problema refere-se à questão: em que tipo de entidades o direito consiste, e como essas entidades estão conectadas de modo que elas formam uma entidade central que denominamos «direito»? Esse problema

---

2. Veja-se Kant, 1907: 357: «Kein Vernunftsystem, sondern bloß (ein) aufgerafftes Aggregat sein würde».

concerne aos conceitos de norma e de sistema normativo. O segundo e o terceiro problema referem-se à questão da validade do direito. O segundo concerne a sua dimensão real ou fática. Esse é o terreno do positivismo jurídico. Dois eixos centrais podem ser diferenciados aqui. O primeiro é determinado pelo conceito de promulgação autoritativa e o segundo é determinado pelo de eficácia social. O terceiro problema acerca da natureza da filosofia do direito concerne à correção ou legitimidade do direito. Aqui, a questão principal é a da relação entre o direito e a moral. Considerar essa questão é considerar a dimensão crítica ou ideal do direito. É essa tríade de problemas que, em conjunto, define o núcleo do problema da natureza do direito.

Essa tripartição pretende ser completa, neutra e sistemática. Ela é completa quando consegue absorver todos os argumentos que podem ser aduzidos em favor ou contra uma tese sobre a natureza do direito. A única prova possível para isso consiste em corroborar o nosso modelo triádico com relação a tantas instâncias críticas quanto possível. O modelo é neutro quando ele não adiciona qualquer preferência ou peso aos argumentos que ele absorve. A prova que se pode oferecer é a mesma que se usa no caso da completude. Finalmente, o modelo é sistemático quando ele leva a uma imagem coerente acerca da natureza do direito. Nesse caso, a prova não pode consistir em qualquer outra coisa senão na elaboração de uma perspectiva coerente.

O último ponto pode ser generalizável. A natureza da filosofia do direito só pode se tornar tão clara quanto possível na medida em que se elabore a melhor teoria para conectar as respostas a todas as três questões sobre a natureza do direito. Não obstante, apesar de, por um lado, não ser possível desenvolver uma teoria perfeita nesse terreno, não se deve também, por outro lado, ser completamente cético ao fundamento de que esse ideal de perfeição nunca pode ser atingido. Felizmente, não é necessário saber de tudo para se saber o suficiente. Para obter tanto quanto necessário para os nossos propósitos, é suficiente usar o modelo triádico como uma base para a discussão de problemas paradigmáticos.

4. QUATRO TESES

A consideração de problemas paradigmáticos vis-à-vis o nosso modelo triádico deve confirmar quatro teses. Essa confirmação, mais uma vez, implica a corroboração do modelo. A primeira tese diz que a filosofia do direito não está confinada a certos problemas especiais relacionados ao direito; todos os problemas da filosofia podem surgir na filosofia do direito. Nesse ponto a filosofia do direito inclui substancialmente os problemas da filosofia em geral. Pode-se denominar essa tese de «tese da natureza geral». A segunda tese sustenta que há problemas específicos para a filosofia do direito. Eles se devem ao caráter específico do direito, que resulta do fato de que o direito é, além de crítico ou ideal, também necessariamente autoritativo ou institucional.

Essa é a «tese do caráter crítico ou específico». A terceira tese diz que há uma relação especial entre a filosofia do direito e outros ramos da filosofia prática, especialmente os da filosofia moral e da filosofia política. Pode-se denominar essa tese de «tese da relação especial». Uma quarta tese se sobrepõe à primeira e à terceira tese. Quer dizer, ela não apenas se junta a elas como uma quarta tese, mas expressa uma ideia que se encontra por detrás delas. Trata-se da ideia de que a filosofia do direito pode ter sucesso somente se ela assumir a perspectiva de não apenas uma ou duas dessas teses, mas de todas as três. Essa é a tese do «ideal compreensivo» da filosofia do direito.

Enquanto o modelo triádico de problemas da filosofia do direito pretende ser neutro, essas teses não o fazem. Elas envolvem decisões em relação à solução desses problemas. Isso se torna claro quando se compara o ideal compreensivo com algo como uma «máxima restritiva». Uma versão radical de tal máxima restritiva sustenta, primeiramente, que a filosofia do direito nunca deveria se ver envolvida em qualquer problema genuinamente filosófico; em segundo lugar, que a filosofia do direito deveria concentrar os seus esforços no caráter institucional ou autoritativo do direito; e, em terceiro lugar, que a filosofia do direito deveria delegar as suas questões críticas ou normativas à moral e à filosofia política, que por sua vez deveriam permanecer, por assim dizer, fora de alcance. A máxima restritiva reflete uma imagem de filosofia do direito que é fundamentalmente diferente da imagem desse ramo do saber que corresponde ao ideal compreensivo. A filosofia do direito se transforma em uma teoria jurídica do direito, que está separada da filosofia em geral assim como da filosofia moral e da filosofia política.

A escolha entre o ideal compreensivo e a máxima restritiva é uma escolha fundamental. O caráter da filosofia do direito é determinado por ela em medida muito mais radical do que pela escolha entre o positivismo e o não positivismo. A escolha entre o positivismo e o não positivismo é uma escolha dentro do âmbito da filosofia do direito. A escolha entre o ideal compreensivo e a máxima restritiva equivale a uma escolha entre um pensamento filosófico e um pensamento não filosófico. Esse é o pano de fundo contra o qual os nossos casos paradigmáticos devem ser considerados.

5. ENTIDADES E CONCEITOS

As respostas dadas por Kelsen e Olivecrona na década de 1930 à questão clássica de em que entidades o direito consiste representam o nosso primeiro exemplo. Kelsen define: «o direito como norma» (Kelsen, 1992: 13); a norma como um significado (Kelsen, 1992: 11, 14); o «único sentido» desse significado como um «dever-ser»; e a noção de «dever-ser» como uma «categoria» (Kelsen, 1992: 24). Essa é a linguagem por meio das quais entidades abstratas são descritas. Kelsen insiste que as normas – e, portanto, o direito – não podem ser reduzidas nem a eventos físicos e nem a processos psicológicos.

Elas não pertencem à realidade natural, mas a uma «realidade ideal» (KELSEN, 1992: 15). Uma tal realidade ideal, que existe em adição ao mundo físico e ao mundo psíquico, seria um «terceiro reino» no sentido de FREGE (1967: 29). A posição oposta é encontrada em Karl OLIVECRONA, que, com um olhar voltado para KELSEN, sustenta que «as regras jurídicas são uma causa natural – entre outras – de ações dos juízes em casos de litígio e do comportamento geral das pessoas umas em relação às outras» (OLIVECRONA, 1939: 16). Essa questão – enquanto questão ontológica – é não apenas uma questão de interesse filosófico geral; é também uma questão que deve ser respondida a fim de se determinar a natureza do direito e que constitui, portanto, uma questão genuína de filosofia do direito.

Um defensor da máxima restritiva poderia objetar que a questão do *status* ontológico das normas é, para os juristas, tão desimportante quanto a questão da existência real ou imaginária de uma montanha na África, identificada e inspecionada por dois geógrafos, o é para esses dois geógrafos (CARNAP, 1928: 35-36). A resposta a essa objeção é que o problema do realismo tem para geógrafos um significado diferente daquele que o problema do sentido tem para os juristas. A resposta à questão sobre se as normas são conteúdos semânticos ou causas naturais determina a resposta a uma outra questão, nomeadamente a de se as normas, por um lado, podem ser concebidas como elementos de um sistema inferencial e, por conseguinte, como pontos de partida para argumentações, ou se, por outro lado, elas são apenas elementos em uma rede causal. No primeiro caso, a argumentação jurídica orientada para a correção seria possível, ao passo que no segundo ela seria uma ilusão. Isso demonstra como a autocompreensão do raciocínio jurídico e, por meio dela, a autocompreensão do direito depende de pressuposições ontológicas. Há, naturalmente, múltiplos caminhos para se reconstruir essas pressuposições. Mas o só fato de que existe a necessidade de reconstruí-las é suficiente para confirmar a tese de que a filosofia do direito não pode sobreviver sem argumentos que sejam de caráter genuinamente filosóficos.

De qualquer modo, o conceito de norma ou de «dever-ser» é um candidato para o conceito mais abstrato de filosofia do direito. Quando se dá um passo atrás em relação a esse nível de abstração, o impacto inferencial dos conceitos fundamentais do direito se torna muito mais óbvio. A distinção entre regras e princípios é uma questão altamente abstrata da teoria geral das normas. Ela possui, ao mesmo tempo, consequências de largo alcance para a teoria do raciocínio jurídico. Se o direito contém ambos, então o raciocínio jurídico inevitavelmente combina subsunção e ponderação (ALEXY, 2003b: 433 ss). O raciocínio jurídico é portanto essencialmente determinado por estruturas que são estruturas do raciocínio prático geral. Essa é uma importante razão para não conceber o raciocínio jurídico como uma província autônoma, separada e distinta de outras províncias da racionalidade.

Tudo isso mostra que questões filosóficas fundamentais devem ser respondidas a fim de captar a natureza do direito. Uma reflexão sobre a natureza do direito não pode ter sucesso quando separada da filosofia em geral.

6. PROPRIEDADES NECESSÁRIAS

Perguntar pela natureza de algo é mais do que perguntar por propriedades interessantes e importantes. Questões sobre a natureza do direito são questões sobre propriedades necessárias. O conceito de necessidade leva-nos ao coração da filosofia. O mesmo se aplica aos seus relativos, os conceitos de analiticidade e de *a priori*. Sem esses conceitos é impossível entender o significado de questões do tipo «Qual é a natureza de φ?». Sem que se entenda a estrutura de questões desse tipo, não se pode entender a principal questão da filosofia do direito: «Qual é a natureza do direito»; e deixar de entender essa questão é deixar de saber o que a filosofia do direito é.

A possibilidade de definir o conceito de natureza tal como ele aparece em sentenças com a forma «qual é a natureza de φ?», nomeadamente por meio do conceito de necessidade, permite a substituição da questão «qual é a natureza do direito?» pela questão «quais são as propriedades necessárias do direito?». Essa questão leva, através do conceito de necessidade (e seus relativos, a analiticidade e o *a priori*), ao caráter específico do direito. A questão do que é necessário se transforma, quando conectada à questão do que é específico, na questão do que é essencial. Essa é a área da tese do caráter específico.

Duas propriedades são essenciais para o direito: a coerção ou força, de um lado, e a correção ou retidão, por outro. A primeira concerne a um elemento central da eficácia social do direito, ao passo que a segunda expressa sua dimensão ideal ou crítica. Constitui a questão central da filosofia do direito perguntar como esses dois conceitos estão relacionados ao conceito de direito e, por meio dele, uns aos outros. Todas – ou pelo menos quase todas – as questões da filosofia do direito dependem de uma resposta a essa questão.

É altamente discutível se a coerção e a correção estão necessariamente conectadas com o direito. A disputa depende de uma metadisputa sobre a questão de quais tipos de argumentos podem ser dados em favor ou contra a necessidade de tais conexões. É impossível avançar nessa questão aqui (ALEXY, 2003a: 3-16). Irei, portanto, me confinar a algumas notas que parecem ser instrutivas para nossa questão concernente à natureza da filosofia do direito.

A coerção é o caso mais fácil. Parece ser bastante natural arguir que um sistema de regras ou normas que em nenhum caso autorize o uso da coerção ou de sanções – nem mesmo no caso de legítima defesa – não é um sistema jurídico, e isso é assim devido a razões conceituais baseadas no uso da linguagem. Quem poderia aplicar a expressão «direito» a um tal sistema de regras? Razões conceituais desse tipo, entretanto, têm um poder reduzido em si mesmas.

Conceitos baseados no uso fático da linguagem necessitam ser modificados quando eles não se revelem, como KANT diz – mencionando, *inter alia*, os conceitos de ouro, água e direito – «adequados a seu objeto» (KANT, 1996a: 680).[3] Incluir a coerção no conceito de direito é adequado ao seu objeto, o direito, porque ela reflete uma necessidade prática necessariamente conectada com o direito. A coerção é necessária para que o direito seja uma prática social que cumpre suas funções básicas, tais como definidas nos valores de segurança jurídica e eficiência, na máxima medida possível. Essa necessidade prática – que parece corresponder em certa medida à «necessidade natural» de HART (1994: 199) – se reflete em uma necessidade conceitual implícita no uso da linguagem. Isso demonstra que a linguagem que nós usamos para nos referir a fatos sociais é inspirada pelo princípio hermenêutico de que cada prática humana deve ser concebida como um intento de realizar suas funções tão bem quanto possível. Descortinar essa conexão entre necessidades conceituais e práticas torna claro em que sentido a coerção pertence, enquanto uma propriedade necessária, à natureza do direito.

A segunda propriedade central do direito é a sua pretensão de correção. Essa pretensão se encontra em oposição genuína à força ou coerção, e é um traço essencial do direito que ele compreenda essa diferença entre ambas.

A necessidade de coerção, como já se mencionou, está baseada em uma necessidade prática definida por uma relação entre meios e fins. Nesse sentido, ela possui um caráter teleológico. A necessidade da pretensão de correção é uma necessidade que resulta da estrutura dos atos jurídicos e da argumentação jurídica. Ela possui um caráter deontológico. Tornar explícita essa estrutura implícita no direito é uma das tarefas mais importantes da filosofia do direito.

Todos os métodos para explicitar algo implícito podem ser aplicados aqui. Um deles é a construção de contradições performativas (ALEXY, 2002: 35-9). Um exemplo disso é o de um fictício artigo primeiro de uma constituição cujo texto seja o seguinte: «X é uma república soberana, federal e injusta». É difícil negar que esse artigo é de alguma forma absurdo. A ideia que subjaz ao método das contradições performativas é a de explicar esse caráter absurdo como resultante de uma contradição entre o que está implicitamente pretendido ao se agir para estabelecer uma constituição – nomeadamente, que ela seja justa – e o que está explicitamente declarado – nomeadamente, que ela é injusta. Se essa explicação estiver correta, e se a pretensão de justiça, que é um caso especial de pretensão de correção em um sentido mais amplo,[4] for necessariamente erigida, então uma conexão necessária entre direito e justiça estará explicitada.

---

3. Veja-se KANT, 1904: 478: «dem Gegenstande adäquat».

4. Se a justiça puder ser definida como correção de distribuições e compensações, então a justiça é um caso especial de correção. Ver, nesse sentido, ALEXY, 1997: 105.

Não é difícil reconhecer que esse argumento pode ser desafiado. Basta se negar que o direito necessariamente erija uma pretensão de correção. Quando essa pretensão desaparece, qualquer contradição entre os elementos explícitos e os elementos implícitos se dissolve. A declaração de injustiça contida no nosso artigo primeiro seria então interpretada como uma expressão de uma pretensão de poder.

Este não é o lugar para discutir a questão de se é possível para um sistema normativo substituir a pretensão de correção por uma pretensão de poder e, ainda assim, permanecer um sistema jurídico (Alexy, 1998: 213-214). Essa é uma questão de filosofia do direito, e não uma questão sobre a sua natureza. Aqui é suficiente dizer que a discussão sobre as estruturas deontológicas necessárias que estão implícitas no direito pertence à própria natureza da filosofia do direito.

7. DIREITO E MORAL

Caso se possa demonstrar que a tese de que o direito necessariamente erige uma pretensão de correção é incorreta, então seria difícil contestar a tese positivista da separabilidade entre o direito e a moral. O oposto, entretanto, se dá caso a tese da pretensão de correção seja verdadeira. A tese ofereceria, portanto, um fundamento sólido para o argumento de que a moral está necessariamente incluída pelo direito.

A inclusão da moral no direito ajuda a resolver problemas, mas ela também cria problemas que o estudioso não é capaz de solucionar se ele adotar a tese positivista da separação. Os problemas que a inclusão da moralidade pelo direito podem solucionar são, em primeiro lugar, o problema dos juízos de valor básicos que subjazem à justificação do direito; em segundo lugar, o problema de atender à pretensão de correção na criação e na aplicação do direito; e, em terceiro lugar, o problema dos limites do direito.

Um aspecto do problema dos juízos de valor básicos já apareceu quando a relação entre o direito e a correção foi classificada como uma necessidade prática. O conceito de necessidade prática é ambíguo. Uma interpretação frágil se referiria apenas a uma relação meio-fim, onde se trata da escolha dos meios apenas como uma questão de fato ou uma hipótese. Essa é a perspectiva do conceito hartiano de «necessidade natural», caso se entenda os fins apenas como «certas generalizações muito óbvias [...] concernentes à natureza humana e ao mundo em que os homens vivem» (Hart, 1994: 192-3). A imagem começa a mudar, no entanto, se os fins gerais do direito, tais como a segurança jurídica e a proteção de direitos fundamentais, forem considerados como exigências da racionalidade prática, e ela muda completamente se essas exigências forem consideradas como elementos necessários do direito. Uma tal interpretação forte do conceito de necessidade prática proveria um fundamento valorativo ou normativo para o direito.

O segundo problema que a inclusão da moral promete resolver é o da realização da pretensão de correção no marco institucional do direito. Um exemplo desse problema é o raciocínio jurídico em casos difíceis. Se a moralidade é tida como incorporada pelo direito, razões morais podem e devem participar da justificação de decisões jurídicas quando não haja mais razões de autoridade. A teoria da argumentação jurídica pretende assimilar isso ao conceber a argumentação jurídica como um caso especial da argumentação prática.

O terceiro problema que parece ser melhor resolvido por meio da incorporação da moral pelo direito, é o dos limites do direito. Se a injustiça extrema não for considerada direito – ao menos do ponto de vista do participante em um sistema jurídico – como isso pode ser justificado sem recorrer a razões morais? (ALEXY, 2002: 40-62).

Tudo isso, no entanto, representa apenas um lado da discussão. O outro lado é, como já se mencionou, que a incorporação da moral pelo direito cria sérios problemas. Uma das principais razões para a estrutura autoritativa e institucionalizada do direito é a incerteza geral do raciocínio moral. Disputas morais tendem a ser intermináveis. Muito frequentemente na vida social um consenso não pode ser alcançado por meio do discurso. Por razões de necessidade prática, uma decisão de autoridade deve, portanto, substituir a discussão moral. Sem embargo, isso somente seria um argumento para se conceber a argumentação moral como não pertencente ao direito se não fosse possível incorporar a argumentação moral à argumentação jurídica sem destruir os elementos autoritativos necessários para a segunda. É uma tarefa primordial da filosofia do direito indagar se isso é ou não possível.

Um segundo problema é muito mais evidente. Trata-se do problema de se o conhecimento moral ou a justificação moral é ou não realmente possível. Se as teses metaéticas do subjetivismo, do relativismo, do não cognitivismo ou do emotivismo estiverem corretas, a pretensão de correção deverá ser interpretada em termos de algo como uma «teoria dos erros», tal como MACKIE (1977: 35) sugeriu. Isso demonstra que o direito, ao incorporar a moralidade pela via da pretensão de correção, tem que enfrentar problemas epistemológicos sobre o conhecimento moral e a sua justificação. Esse não é um ônus pequeno.

No começo de nossas deliberações nós distinguimos três questões principais da filosofia: a questão ontológica – sobre o que há –, a questão ética ou prática – sobre o que deve ser feito ou é bom – e a questão epistemológica – sobre o que nós podemos conhecer. Nossa caminhada pelo terreno da filosofia do direito nos mostrou que a filosofia do direito enfrenta todos esses três tipos de questão. Isso parece já ser algo mais complexo do que uma única pessoa pode alcançar. Mas há ainda algo a mais. A natureza reflexiva e sistemática da filosofia do direito exige que todas essas questões estejam conectadas em uma teoria coerente que, por sua vez, deve estar tão próxima do direito quanto possível a fim de garantir que o que ela torna explícito é realmente a natureza do direito. Nesse sentido, nossa reflexão sobre a natureza da filosofia do direito termina com a exposição de um ideal.

BIBLIOGRAFIA

ALEXY, R., 1997: «Giustizia come corretteza», *Ragion Pratica*, vol. 9: 103-113.

— 1998: «Law and Correctness», em FREEMAN, M. D. A., *Current Legal Problems*, vol. 51: 205-21.

— 2002: *The Argument form Injustice. A Reply to Legal Positivism*. Trad. de B. Litschewski Paulson e S. L. Paulson. Oxford: Clarendon Press.

— 2003a: «On Balancing and Subsumption. A Structural Comparison», *Ratio Juris*, vol. 16: 433-449.

— 2003b: «The Nature of Arguments about the Nature of Law», em MEYER, L. (ed.), *Issues in Jurisprudence and Legal Philosophy: The Nature of Law, Practical Reason, Authority, Sources of Gaps in the Law*, Clarendon Press: 3-16.

CARNAP, R., 1928: «Scheinprobleme in der Philosophie», Berlim: Schlachtensee, Weltkreis Verlag. Reimpresso em Carnap, R., 1961: *Der logische Aufbau der Welt*, Hamburgo: Felix Meiner Verlag.

DWORKIN, R., 1977: *Taking Rights Seriously*. Londres: Duckworth.

FREGE, G., 1967: «The Thougt: A Logical Inquiry» (tradução para o inglês de Quinton, A. M. e Quinton, M.), em STRAWSON, P. F. (ed.). *Philosophical Logia*. Oxford: Oxford University Press: 17-38.

HART, H.L.A., 1995: *The Concept of Law*. 2.ª ed. Oxford: Clarendon Press.

HOLMES, O. W., 1897: «The Path of the Law», *Harvard Law Review*, vol. 10: 456-478.

KANT, I., 1996: «The Metaphysics of Morals», en The Cambridge Edition of the Works of Immanuel Kant: Practical Philosophy, ed. por Paul Guyer e Allen W. Wood. Cambridge: Cambridge University Press: 353-603.

— 1996b: *Critique of Pure Reason*, tradução de Werner S. Pluhar. Indianápolis-Cambridge: Hacket Publishing Company.

KELSEN, H., 1992: *Introduction to the Problems of Legal Theory* (tradução para o inglês de B. Litschewski Paulson e S. L. Paulson da 1.ª edição da Reine Rechtslehre de 1934). Oxford: Clarendon Press.

MACKIE, J. L., 1977: *Ethics. Inventing Right and Wrong*. London: Pelican Books.

OLIVECRONA, K., 1939: *Law as Fact*. Copenhagen: Einar Munksgaard; e Londres: Humphrey Milford.

II

A NATUREZA DOS ARGUMENTOS SOBRE A NATUREZA DO DIREITO[1]

1. TRÊS DIMENSÕES E DOIS NÍVEIS DE REFLEXIVIDADE

Saber o que alguém está fazendo ao fazer algo parece – ao menos em princípio – ter um valor intrínseco. Saber o que alguém está fazendo ao fazer algo é reflexividade cognitiva. O valor intrínseco da reflexividade cognitiva é uma das principais razões para mergulhar na filosofia do direito. Essa razão intrínseca ou puramente filosófica que justifica a filosofia do direito, no entanto, não esgota o seu valor. Além dessa dimensão filosófica, a filosofia do direito tem tanto uma dimensão técnica quanto uma dimensão crítica. O valor técnico da filosofia do direito consiste na clarificação dos conceitos jurídicos, da arquitetura dos sistemas jurídicos e da estrutura da argumentação jurídica. Essa clarificação é alcançada por meio da análise lógica e conceitual. Assim como em qualquer análise, esta análise também possui o valor intrínseco já mencionado acima. Ademais, possui também um valor extrínseco. Sistemas jurídicos estão sempre em risco de se tornarem excessivamente complexos e de adquirirem elementos incompatíveis. A filosofia do direito pode ajudar neste domínio, ao menos em certa medida, por meio de uma análise que contribua para a precisão, a transparência e a coerência. Isso pode ter consequências não apenas para áreas tradicionais da filosofia do direito, mas também em campos

---

[1] Tradução do texto original publicado em Meyer, L. H., Paulson S. L. e Pogge, T. W., 2003: *Rights, Culture and the Law. Themes from the Legal and Political Philosophy of Joseph Raz.* Oxford: Oxford University Press, p. 3-16.

modernos – como, por exemplo, a aplicação da inteligência artificial no âmbito do direito. A filosofia do direito não possui apenas um valor puramente técnico e filosófico, mas também um valor crítico. Este último concerne ao aperfeiçoamento do direito positivo por meio da reflexão filosófica. A filosofia do direito possui uma grande tradição neste âmbito. Por exemplo, os direitos humanos não teriam sido institucionalizados sem a contribuição da filosofia do direito. Essa responsabilidade crítica da filosofia do direito terá lugar enquanto houver direito. Apesar de esses três valores estarem estreitamente conectados, podemos dizer que a filosofia do direito é valiosa devido à sua reflexividade em três dimensões diferentes: a filosófica, a técnica e a crítica.

Pode-se dizer não apenas que o objeto da filosofia – o direito –, seja uma atividade, mas também que a própria filosofia é uma atividade. Se a reflexividade possui valor intrínseco, o mesmo pode ser dito sobre a filosofia do direito. A reflexividade está sempre em perigo de reiteração infinita. Esse perigo, porém, parece não ser real quando nos movemos um nível adiante e nos perguntarmos o que fazemos quando nos engajamos na filosofia do direito. Essa questão, por sua vez, é interessante por três razões. Seu valor filosófico é óbvio. Seu valor técnico é também facilmente demonstrável. A reflexão sobre o que estamos fazendo quando pensamos sobre o direito pode aperfeiçoar nossa reflexão sobre o direito ao torná-la mais precisa, transparente e coerente. Incrementar desse modo a reflexão sobre o direito pode contribuir para um incremento do próprio direito. Finalmente, a tarefa da dimensão crítica nesse metanível é definida pela questão de por que e como devemos ser ativos no metanível, ou seja, na filosofia do direito. É dessa forma que a reflexividade crítica ou normativa se une à reflexividade cognitiva também no metanível. Nós não apenas perguntamos o que estamos fazendo quando nos engajamos na filosofia do direito, mas também por que e como devemos fazer filosofia do direito.

A filosofia do direito é uma argumentação sobre a natureza do direito. A reflexão sobre a filosofia do direito é, por conseguinte, uma reflexão sobre a natureza dos argumentos acerca da natureza do direito. O direito é uma entidade altamente complexa. Esta é a razão pela qual, como sustenta Joseph Raz, «a lista das propriedades essenciais do direito é indefinida» (Raz, 1996: 6). Todas, ou pelo menos quase todas, as propriedades essenciais do direito são tópicos de uma disputa que parece não ter fim. O número de argumentos empregados nessa disputa é, como sempre, ainda maior do que o número de problemas com os quais eles lidam. É, portanto, impossível considerar todos os argumentos encontrados na filosofia do direito. Por essa razão, começarei com uma tentativa de identificar os problemas mais importantes concernentes à natureza do direito e logo em seguida me concentrarei em certos aspectos desses problemas. Prosseguir dessa maneira, eu espero, pode tornar claro não apenas aquilo com que estou lidando quando tento discutir a natureza dos argumentos sobre a natureza do direito, mas também as propriedades essenciais que eu deixo de considerar.

2. OS TRÊS PRINCIPAIS PROBLEMAS CONCERNENTES À NATUREZA DO DIREITO

Se o direito como um todo é uma única entidade, então não é possível que os principais problemas relativos à natureza do direito possam ser examinados completamente separados uns dos outros. Entretanto, o fato de esses problemas estarem conectados não significa que eles não possam ser distinguidos.

Sob essa condição, três problemas podem ser identificados. Considerados em conjunto, eles definem o problema da natureza do direito. O primeiro problema se refere às seguintes questões: em que tipo de entidades o direito consiste? E como essas entidades estão conectadas de modo que elas formam uma entidade mais compreensiva que nós denominados «direito»? O segundo problema concerne à realidade social do direito, ou seja, à sua dimensão real ou fática. Esse problema tem três elementos centrais. O primeiro é a relação entre direito e força ou coerção; o segundo, a relação entre o direito e a institucionalização de procedimentos para criação e aplicação de normas; e o terceiro, a relação entre o direito e o consentimento ou aceitação real. Os sujeitos do direito são pessoas com a capacidade para agir com base em razões e, frequentemente, interessadas em fazê-lo. A aceitação da autoridade do direito como uma parte essencial da realidade social do direito está, portanto, estreitamente conectada com o terceiro problema, que concerne à correção ou à legitimidade do direito. Nesse terreno, a principal questão é a relação entre direito e moral. Ocupar-se dessa questão é ocupar-se da dimensão crítica ou ideal do direito. É essa tríade de problemas que, considerados em conjunto, define o núcleo dos problemas acerca da natureza do direito. O objeto de nossas reflexões não é a natureza do direito enquanto tal, mas a natureza dos argumentos sobre a natureza do direito. No que se segue, irei esboçar certos aspectos acerca desses três problemas.

3. A NATUREZA DOS ELEMENTOS DO DIREITO

A primeira parte da primeira questão – ou seja, a questão de em que tipo de entidades o direito consiste, é o problema fundamental. Uma resposta clássica a essa questão pode ser encontrada em Hans KELSEN, que, na primeira edição da sua *Teoria Pura do Direito* define: «o direito como norma» (KELSEN, 1992: 13); a norma como um significado (KELSEN, 1992: 11, 14); o «único sentido» desse significado como um «dever-ser»; e o «dever-ser» como uma «categoria» (KELSEN, 1992: 24). Essa é a linguagem em que entidades abstratas são descritas. KELSEN insiste que normas – e, portanto, o direito – não podem ser reduzidas nem a eventos físicos nem a processos psíquicos. Elas pertencem a uma realidade ideal, não à realidade natural (KELSEN, 1992: 15). A questão, no entanto, sobre se existe, além dos mundos físico e psíquico, um mundo de entidades semânticas abstratas ou entidades ideais, ou seja, um «terceiro reino» no sentido de FREGE (FREGE, 1967: 29), é um dos principais problemas da filosofia. Ele concerne à filosofia enquanto *metaphysica generalis sive ontologica*. Isso nos mostra que uma classe de argumentos sobre a natureza do direito é de natureza genuinamente filosófica. Isso se aplica não apenas a autores como KELSEN, que tentaram empregar argumentos transcendentais a fim de mostrar que o «dever-ser», enquanto «categoria relativa *a priori*» (KELSEN, 1992: 24), qualifica o direito como uma realidade ideal. Isso também se aplica a autores céticos, que tentam reduzir o direito a eventos psíquicos ou até mesmo físicos. Um exemplo de tal reducionismo pode ser encontrado em Karl OLIVECRONA, que, com um olhar voltado para KELSEN, sustenta que «as regras jurídicas são a causa natural – entre outras – das ações dos juízes em casos de litígios, assim como do comportamento geral das pessoas em relação às demais» (OLIVECRONA, 1939: 16);[2] ademais, sustenta também que o «dever-ser» não é nada além da «expressão verbal conectada a certas emoções» (OLIVECRONA, 1939: 21). O problema do reducionismo também é um problema genuinamente filosófico. Não apenas os não céticos, que advogam soluções idealistas em metafísica ou epistemologia, argumentam filosoficamente. Também o faz um cético que defende alguma espécie de naturalismo.

A esta altura, chegamos à primeira resposta à nossa questão concernente à natureza dos argumentos sobre a natureza do direito: tal classe de argumentos é de natureza genuinamente filosófica, pois esses argumentos são aplicados para solucionar problemas metafísicos (ou ontológicos) e epistemológicos. Mas o que são argumentos metafísicos e epistemológicos? Neste ponto eu irei parar, pois caso contrário mover-me-ei para muito longe do direito. Devo restar satisfeito com a observação de que argumentos metafísicos (ou ontológicos) – que concernem à questão do que há – e argumentos epistemológicos – que concernem à questão de como podemos saber algo – não podem ser evitados na filosofia do direito, pelo menos enquanto a filosofia do direito pretender nos informar acerca da natureza do direito.

4. DIREITO E COERÇÃO

O segundo problema acerca da natureza do direito, o problema da realidade social do direito, pode, como já vimos, ser desdobrado em três sub-problemas. Irei me concentrar no primeiro desses sub-problemas, ou seja, no problema do relacionamento entre direito e força ou coerção. Parece ser um

---

2. OLIVECRONA declara expressamente que sua empresa é reducionista: «Meu propósito é reduzir nossa imagem do direito para fazê-la coincidir com a realidade objetiva existente» (OLIVECRONA, 1939: 27).

fato empírico que o direito geralmente inclui a aplicação de coerção baseada em decisões de autoridades que representam a comunidade jurídica. Mas será isso necessariamente desta maneira? Pertence a coerção à natureza do direito? Esse será o caso se o conceito de direito incluir o conceito de coerção. A resposta a essa questão pode ser contestada. Uma resposta positiva pode ser encontrada em um autor já mencionado: Hans KELSEN. De acordo com KELSEN, o conceito de norma ou a categoria designada como «dever-ser» é o *genus proximum*, enquanto o conceito de coerção é a *differentia specifica* do direito (KELSEN, 1992: 26). Esse é um caso claro de inclusão do conceito de coerção no conceito de direito. A visão oposta é sustentada por Hermann KANTOROWICZ, que afirma que o valor de diferentes definições de direito «deve ser julgado pela sua utilidade comparativa» (KANTOROWICZ, 1958: 6). Incluir o conceito de coerção – KANTOROWICZ utiliza a locução «capacidade para executar ou fazer cumprir o direito» (*enforceability*) – no conceito de direito excluiria a obra de GROTIUS intitulada *Ius belli ac pacis* (1625) da história da ciência do direito, pois este trabalho concerne ao direito internacional sob a forma de direito natural, que, por sua vez, não é «executado ou cumprido pelos tribunais» (KANTOROWICZ, 1958: 14).

Quais tipos de argumento estão disponíveis para resolver essa disputa sobre a questão de se a coerção pertence à natureza do direito? Parece útil distinguir duas classes de argumentos: os argumentos conceituais, baseados no uso da linguagem, e os argumentos práticos ou normativos, baseados na ideia de tornar uma prática social a melhor possível à luz de suas funções e tarefas. Começarei minha análise pelo argumento conceitual.

A análise do uso da linguagem, como J. L. AUSTIN remarcou corretamente, certamente «*não é* a última palavra», mas ela oferece um ponto de partida para a analise ou – como AUSTIN coloca – uma «primeira palavra» (AUSTIN, 1970: 185). Tentarei confirmar isso apresentando um argumento conceitual como a primeira palavra e um argumento prático ou normativo como a última palavra. O argumento conceitual se desenvolve ao confrontar a forma segundo a qual usamos a expressão «direito» com duas teses sobre a relação entre direito e coerção: a tese da coerção extrema e a tese da extrema falta de coerção. A tese da coerção extrema sustenta, de um lado, que todas as normas de qualquer sistema jurídico são normas garantíveis por meio de sanções legalmente instituídas[3] e, de outro lado, que a coerção é a única motivação para todos os participantes respeitarem o direito. A tese da coerção extrema dá margem a sérios problemas lógicos e empíricos que não necessitam ser enfrentados aqui.

---

3. Rudolf VON JHERING se aproxima bastante desta parte da tese da coerção extrema quando critica Georg PUCHTA por não haver «revisado com horror a sua ideia monstruosa de uma norma jurídica sem coerção jurídica». Uma norma jurídica cujo comprimento não possa ser garantido por meio de sanções instituídas juridicamente deve ser considerada como «uma contradição em si mesma, um fogo que não queima, uma luz que não brilha» (VON JHERING, 1913: 241).

É suficiente dizer que a tese de tal caráter extremo não é pressuposta pelos usos ordinários da expressão «direito». É possível, para darmos um único exemplo, designar normas da constituição não garantíveis como «direito» sem violar quaisquer regras da linguagem. A linguagem jurídica, assim como a linguagem ordinária, é menos rígida do que a tese da coerção extrema. Muito mais interessante do que essa tese é a tese oposta: a tese da extrema falta de coerção. A tese da extrema falta de coerção diz que algo pode ser um sistema jurídico apesar do fato de não incluir qualquer norma que possa, ou mesmo deva, ser garantida seja por oficiais encarregados da aplicação do direito ou por indivíduos ou Estados em defesas de seus direitos, de sorte que a coerção nunca pode ser a motivação para qualquer participante do sistema jurídico obedecer ao direito. O presente significado inerente da expressão «direito» torna impossível aplicar tal expressão a um sistema de normas como o descrito pela tese da extrema falta de coerção. Um tal sistema seria um sistema moral no sentido kantiano, mas não um sistema jurídico. É necessário, de acordo com o significado do conceito de direito, tal como usado no presente, que ao menos algumas normas do sistema jurídico sejam garantíveis e que a coerção, ao menos às vezes e para algumas pessoas, possa ser uma motivação para obedecer ao direito. Nesse sentido é analiticamente verdadeiro que há uma conexão entre direito e coerção.[4]

Não obstante, o uso da linguagem pode mudar. É por essa razão que eu fiz referência ao conceito de direito «tal como ele é usado no presente». A necessidade de uma conexão entre direito e coerção baseada no uso da linguagem é, portanto, uma necessidade relativa.[5] É uma necessidade relativa à presente estrutura do conceito de direito.

Uma necessidade absoluta da conexão entre direito e coerção pressuporia que a presente estrutura do conceito de direito fosse também necessária. Nesse terreno, a segunda classe de argumentos mencionada acima, a dos argumentos práticos ou normativos, entra em cena. Esses argumentos demonstram que a presente estrutura do conceito de direito exibe uma necessidade prática ou normativa. Argumentos práticos ou normativos são empregados quando se argúi que o direito em si mesmo ou algumas características do direito são necessárias para o fim de cumprir com certas funções ou tarefas ou para respeitar certas normas ou valores. É útil distinguir três argumentos em que

---

4. A asserção de que o conceito de direito necessariamente inclui o conceito de coerção não implica que o conceito de norma jurídica também inclua este conceito. Que um sistema de normas seja um sistema jurídico pressupõe apenas que um certo número de normas pertencentes a este sistema seja exigível coercitivamente; não pressupõe que todas as normas pertencentes a este sistema tenham esta propriedade.

5. O contrário de uma necessidade relativa é uma necessidade absoluta. Uma necessidade absoluta implica imunidade de um esquema conceitual frente à revisão. Uma necessidade relativa não é uma necessidade *do* esquema conceitual, mas uma necessidade *dentro* do esquema conceitual. Sobre esta referência, ver: Grice e Strawson, 1956: 157-8.

é empregado um esforço para estabelecer a necessidade prática do direito. Cada um desses argumentos consiste em uma razão pela qual a moralidade em si mesma é insuficiente para resolver os problemas de coordenação social e de cooperação. A primeira razão concerne ao conhecimento prático. Há um grande número de questões práticas sobre as quais um debate sem fim é possível. KANT demanda, por essa razão, que os direitos dos cidadãos sejam determinados pelo direito. Esse é um aspecto central da natureza autoritativa do direito (RAZ, 1996: 17-18). A segunda razão é que a solução ao problema cognitivo não é suficiente. A fim de assegurar os direitos dos cidadãos, a determinação desses direitos pela legislação e pelos órgãos de aplicação do direito deve ser complementada, como KANT observa, por uma «coerção jurídica externa e pública». A determinação do direito e a sua coercibilidade nunca podem produzir uma segurança jurídica perfeita, mas podem produzir um grau adequado de segurança jurídica. Por meio desses mecanismos, o direito supera o estado de natureza, no qual «nós nunca podemos estar seguros contra a violência de um contra o outro» (KANT, 1991: 124). A determinação e a coercibilidade não apenas evitam as atrocidades da guerra civil. Elas também são necessárias para evitar a erosão do direito que ocorreria se ele pudesse ser violado sem qualquer custo. Apenas por esse meio pode ser alcançada a «confiança», que é a base de uma «vida decente em sociedade» e de «uma busca exitosa de finalidades e de projetos» (POSTEMA, 1996: 89-90). A determinação e a coercibilidade se completam por meio de uma terceira razão para a necessidade do direito: a organização. Numerosos comandos morais e finalidades desejáveis não podem ser alcançados por meio da ação moral espontânea. É necessário haver organização, e organização pressupõe direito. Determinabilidade, coercibilidade e organização, considerados em conjunto, promovem não apenas o valor da segurança jurídica, mas também o valor da eficiência. Segurança jurídica e eficiência são os dois valores formais mínimos do direito. Quem quer que adira a esses valores deve pressupor o direito, incluindo-se, quando necessária, a sua garantia por meio da coerção.

É esse o ponto em que os argumentos conceituais e os práticos ou normativos se conectam. Não é por acaso que a presente estrutura do conceito de direito inclui o conceito de coerção. A coerção será necessária enquanto o direito for uma prática social que cumpre suas funções formais básicas definidas pelos valores da segurança jurídica e da eficiência. Compreender uma prática social pressupõe compreender os seus valores subjacentes e concebê-la como uma tentativa de fazer o melhor desses valores em vista dos obstáculos e valores colidentes que lhe são exteriores. Esse princípio hermenêutico explica porque o presente significado da expressão direito inclui o conceito de coerção. A prática social a que nos referimos quando empregamos o conceito de direito deve ter o uso da coerção à sua disposição para ser tão boa quanto ela pode ser. Enquanto o mundo e os seus habitantes humanos sejam como eles são, a necessidade prática de normas asseguradas por meio de ameaças de coerção existirá. Essa necessidade prática é refletida na necessidade conceitual da presente estrutura do conceito de direito.

Com KANTOROWICZ em mente, pode-se objetar que tudo isso se aplica somente se o direito é criado e administrado por oficiais de um sistema jurídico centralmente organizado, mas não se aplica ao direito internacional tal como encontrado na obra *Ius belli ac pacis*, de Hugo GROTIUS. Esse, no entanto, não é o caso, apesar de o direito internacional contemporâneo não ser mais o mesmo de GROTIUS. Especialmente, não é o caso por duas razões: a primeira é que existe a possibilidade de coerção jurídica no direito internacional ainda que faltem sanções organizadas. O exemplo mais claro é o direito «inerente»[6] a cada estado de resistir a um ataque armado por meio do emprego de seu poderio militar. Nesse caso, aplica-se sem modificação o famoso *dictum* de KANT: «direito subjetivo e autorização para usar coerção são portanto uma e única coisa» (KANT, 1991: 58). Essa é a razão pela qual a tese da extrema falta de coerção, apresentada acima, contém a cláusula «ou por indivíduos ou Estados em defesa de seus direitos». Até então, minha preocupação foi apenas com o argumento conceitual. O segundo ponto deriva do argumento prático e da perspectiva hermenêutica. Um sistema de normas jurídicas sem órgãos centralizados de aplicação e garantia do direito é um sistema jurídico imperfeito. Ser algo em um sentido imperfeito não significa, no entanto, não ser essa coisa.

5. DIREITO E MORAL

O terceiro problema principal acerca da natureza do direito é o problema da relação entre direito e moral. Esse problema envolve muitas questões. A mais fundamental é se há qualquer tipo de conexão necessária entre direito e moral. As duas respostas gerais mais elementares são as teses da separabilidade e da conexão. A tese da separabilidade diz que não há conexão necessária entre direito e moral. A tese da separabilidade, certamente, não exaure o positivismo jurídico. Não obstante, ela se encontra no seu núcleo. A tese da separabilidade é, por conseguinte, necessariamente pressuposta pelo positivismo jurídico. Isso significa que a negação da tese da separabilidade leva ao não positivismo. A negação da tese da separabilidade é a tese da conexão. A tese da conexão diz que há ao menos um tipo de conexão necessária entre direito e moral. Jules COLEMAN denomina a versão do positivismo jurídico que consiste em nada mais do que na tese da separabilidade «positivismo negativo»; segundo o autor, esse positivismo negativo é verdadeiro, mas «desinteressante» (COLEMAN, 1996: 316). Irei defender a tese de que a tese da separabilidade – e com ela o positivismo – é falsa. Isso traz consequências para a questão sobre se a tese da separabilidade é interessante. O positivismo

6. Cfr. Sobre esta expressão o artigo 51 da Carta das Nações Unidas.

negativo, enquanto tese exclusivamente negativa, não pode ser muito interessante como tese sobre a natureza do direito do ponto de vista do positivismo. Mas isso não significa que a tese da separabilidade é desinteressante. Se a tese oposta, da conexão, for verdadeira, então a natureza do direito será encarada sob uma ótica completamente diferente. Se a questão da natureza do direito tiver algum interesse, então o oposto de uma tese que apresenta a natureza do direito sob uma ótica completamente diferente é em si mesmo interessante.

A tese da conexão será verdadeira se houver ao menos um tipo de conexão necessária entre direito e moral. Muitos tipos de conexões necessárias são concebíveis. Aqui a questão primária não é se há conexão necessária entre direito e moral. Nosso tópico principal é a natureza dos argumentos em favor ou contra as teses da conexão e da separabilidade. Irei me concentrar em dois argumentos em favor da tese da conexão e contra a tese da separabilidade que são bastante diferentes entre si quanto às suas naturezas: o argumento da correção e o argumento da injustiça extrema. O primeiro é um caso paradigmático de argumento conceitual, ao passo que o segundo é um caso paradigmático de argumento normativo.

5.1 O argumento da correção

O argumento da correção procede em duas etapas. Na primeira etapa, é feita uma tentativa de mostrar que o direito necessariamente sustenta uma pretensão de correção. A segunda etapa consiste em explicar que essa pretensão implica uma conexão necessária entre direito e moral.[7]

Como é possível demonstrar que o direito necessariamente sustenta uma pretensão de correção? Philop Soper arguiu que a questão de quais tipos de pretensão são sustentados pelo direito é uma questão empírica (Soper, 1996: 217 e 230-231). Se isso estiver correto, o direito poderia então decidir se sustenta ou não uma pretensão de correção. O argumento da correção, que tenta provar não meramente uma conexão contingente entre direito e moral, mas uma conexão necessária, entraria em colapso desde o início.

Antes de qualquer tentativa de mostrar que uma certa pretensão, a pretensão de correção, é necessariamente sustentada, parece útil perguntar o que significa sustentar uma pretensão. Pretensões somente podem ser sustentadas por sujeitos capazes de falar e agir. O «direito» sustenta uma pretensão por meio das pessoas que trabalham com capacidade jurídica ou de qualquer outro tipo para fazê-lo. Isso é mais óbvio no caso de atos institucionais tais

---

7. A pretensão de correção – juntamente com sua perversa irmã gêmea, a pretensão de poder ou autoridade, que será introduzida a seguir – é a pretensão mais abstrata que o direito pode sustentar. Uma pretensão mais concreta é a pretensão de «autoridade moral legítima» que, de acordo com Raz, o direito sustenta. Veja-se Raz, 1996: 16. Iniciar com a pretensão mais abstrata tem a vantagem de abarcar as perguntas mais fundamentais.

como atos legislativos e judiciais. O núcleo do argumento da correção é que tais atos institucionais estão sempre conectados com o ato não institucional – normalmente implícito – consistente na asserção de que o ato jurídico é substancial e procedimentalmente correto. Essa asserção de correção está também conectada com a garantia – normalmente implícita – de justificabilidade, e com a expectativa – novamente implícita – de aceitação.[8]

A questão crucial é se é verdade que atos jurídicos estão necessariamente conectados com a asserção – normalmente implícita – de correção. Essa questão é a questão central da filosofia jurídica enquanto teoria sobre a natureza do direito. No nosso metanível, nós temos de adicionar a seguinte questão: como é possível provar a verdade da tese de que atos jurídicos estão necessariamente conectados com a pretensão de correção compreendida na asserção de correção? Que tipo de argumento pode ser aduzido com a finalidade de demonstrar isso?

Tentarei responder a essa questão com a ajuda de um exemplo. Considere um juiz que pronuncie o seguinte julgamento: «o acusado é condenado, por meio deste ato, à pena de prisão, apesar de a presente decisão ser incorreta, pois o direito válido foi interpretado incorretamente».

Esse julgamento é de algum modo defeituoso. A questão é como o caráter peculiar desse defeito é explicado. Pode-se pensar que o defeito é meramente convencional. O juiz certamente violou convenções ou regras sociais que definem o papel do juiz. Mas regras sociais também podem ser violadas se ele anuncia o seu julgamento com um cigarro pendurado em sua boca. Isso pode parecer inapropriado ou até mesmo aviltante, mas não teria o caráter absurdo do julgamento que ora consideramos. Violar uma convenção, portanto, não é suficiente para explicar o caráter peculiar do defeito. Outra explicação pode ser a premissa de um erro jurídico. Em talvez todos os sistemas jurídicos nosso juiz estará violando normas jurídicas que exigem interpretações corretas do direito válido. Mas essas normas também seriam violadas se o juiz interpretasse o direito incorretamente, mas acreditando e pretendendo que a sua interpretação é correta. Nesse caso ele iria cometer um erro jurídico, mas nada de absurdo transpareceria. Isso mostra que um defeito jurídico por si só não explica o caráter absurdo do seu veredicto. Que o caráter absurdo tenha de ser entendido com independência da violação de regras jurídicas se torna ainda mais claro se imaginarmos um sistema jurídico que exige interpretações corretas, mas não contém normas positivas que proíbe aos juízes declarar os seus julgamentos incorretos. Um juiz que erroneamente declarasse que seu julgamento é incorreto, sob essa condição, não estaria cometendo um erro jurídico. O caráter absurdo, no entanto, permanece. Imaginemos que a interpretação incorreta leve à condenação de uma pessoa inocente. Isso é um grave defeito moral.

8. Cfr. Alexy, 1998: 208.

Mas o defeito moral seria o mesmo se o juiz condenasse a pessoa inocente sem declarar que o seu julgamento é incorreto. O defeito moral pode ser ainda mais intenso por razões de desonestidade. Não obstante, os dois julgamentos se diferenciam profundamente no que diz respeito à questão do caráter absurdo. O julgamento sem a cláusula de incorreção seria tão somente moralmente aviltante, enquanto o julgamento com a cláusula seria também absurdo.

Nem o defeito convencional, nem o jurídico, nem o moral explicam o caráter absurdo e de certo modo insano da cláusula de incorreção. Isso deriva, como é comum quando a questão do «absurdo» é formulada, de uma contradição. Tal contradição emerge porque a pretensão de aplicar corretamente o direito é sempre erigida em uma decisão judicial, por pior que o resultado dessa decisão tenha se revelado e quaisquer que sejam os pensamentos e ideias de seu autor. Pretensões compreendem – como já se mencionou – asserções. No caso de nosso julgamento a asserção compreendida é de que o julgamento é correto. Essa asserção, estando implícita no ato de julgar, contradiz a asserção explícita conectada com o julgamento de que ela é incorreta. Essa contradição entre os elementos implícitos e explícitos é o que explica o caráter absurdo da decisão.

Que tipo de argumento é esse? Será isso realmente um argumento? O argumento consiste na conclusão alternativa que levaria a uma contradição performativa. Uma contradição performativa é uma contradição entre uma asserção explícita e uma asserção implícita, onde a última é considerada necessariamente pressuposta pela realização do ato que contém a asserção explícita. Se utilizarmos o termo «conceitual» em um sentido amplo que compreende a estrutura necessária dos atos de fala, podemos concluir que o juiz em nosso exemplo comete um erro conceitual e que esse erro conceitual revela a necessidade conceitual da pretensão de correção no direito.

Pode-se arguir que esse mecanismo não é suficiente para provar a necessidade da pretensão de correção no direito. O defeito conceitual e, com ele, o caráter absurdo eram evitáveis. Bastaria que se abrisse mão da pretensão de correção. Para sermos realistas, isso marcaria uma mudança radical na prática presente e no sentido que hoje atribuímos ao direito, mas tal mudança é em tese possível. Basta que se entenda o direito em todas as suas ramificações como uma expressão de poder, vontade e decisão. Nesse sentido, a pretensão de correção seria substituída por algo como uma pretensão de poder.

Essa alternativa clarifica o sentido em que a pretensão de correção é necessária. Abrir mão da pretensão de correção é abandonar a prática que é definida pelas distinções entre o correto e o incorreto, a verdade e a falsidade, a objetividade e a subjetividade e entre a justiça e a injustiça. Até mesmo a categoria do «dever-ser» (*ought*) desapareceria, pois dizer que alguém possui uma obrigação jurídica, segundo o critério do sistema jurídico em questão, significa que é correto que algo seja feito. Um «dever-ser» que é mais do que apenas uma expressão de vontade somente pode ser definido por meio do conceito de correção. Isso demonstra que o terceiro problema da natureza do direito, o problema da relação entre direito e moral, está internamente conectado, por meio da pretensão de correção, com o primeiro problema, isto é, com a questão concernente a em que tipo de entidade o direito consiste. De fato, nós poderíamos por hipótese abandonar por completo a presente prática constituída pelas categorias da verdade, correção, objetividade e «dever», substituindo-a por uma prática constituída por nada mais do que poder, emoção, subjetividade e vontade. Mas isso abandonaria o direito. Uma prática social constituída por nada mais do que poder, emoção, subjetividade e vontade não seria um sistema jurídico (cfr. ALEXY, 2002: 32-34). Seria um sistema de força bruta, manipulação e respostas emocionais. O preço de abandonar o direito seria alto. Nós não apenas perderíamos as vantagens da coordenação social e da cooperação regulada pelo direito. Uma vez que se abrisse mão da pretensão de correção, nossa ação e nosso discurso seriam essencialmente diferentes do que eles são hoje. As mudanças concerniriam a nós mesmos. Nós não seríamos mais as mesmas pessoas. A prática definida pela correção e seus conceitos correlatos de objetividade, verdade e «dever» é, portanto, não apenas uma prática entre outras, como Palavras-cruzadas é um jogo entre tantos outros. A decisão entre a pretensão de correção e sua alternativa é uma decisão existencial.

Tudo isso significa que a pretensão de correção é necessária em um sentido duplo. Ela é, primeiramente, necessária para a nossa comunidade ser constituída como direito. Não pode haver direito sem a pretensão de correção. Essa é uma conexão conceitual. No entanto, como demonstra a possibilidade de se substituir a pretensão de correção por uma pretensão de poder, pode haver interações humanas sem direito. A pretensão de correção é, portanto, necessária apenas no contexto de uma prática específica; portanto, a necessidade em questão é apenas uma necessidade relativa. Eu sustentei acima que um «dever-ser» que é mais do que uma expressão de vontade somente pode ser definido por meio de um conceito de correção. Se isso for verdadeiro, a necessidade relativa da pretensão de correção estaria perto da tese de KELSEN de que «o "dever-ser" designa uma categoria *a priori* relativa» (KELSEN, 1992: 24). O segundo sentido em que a pretensão de correção é necessária deriva do impacto existencial da pretensão de correção. Isso implica uma necessidade prática que é mais forte do que a de coerção, que eu já discuti acima. A necessidade de coerção tem suas raízes nos valores da certeza jurídica e da eficiência. A necessidade derivada daí é ao menos primariamente uma necessidade prática instrumental ou extrínseca. O impacto existencial da pretensão de correção, por sua vez, cria uma necessidade prática intrínseca.

Um positivista pode concordar com isso tudo e ainda manter que isso não implica que existe uma conexão necessária entre direito e moral. Tudo que ele ou ela precisaria dizer é que a pretensão de correção tem um conteúdo puramente jurídico e que esse conteúdo jurídico não tem quaisquer implicações morais. A questão, portanto, é se a pretensão de correção erigida no discurso jurídico possui algum elemento moral.

Aqui a questão somente pode ser examinada em relação à aplicação judicial do direito. Duas coisas devem ser admitidas como pressupostas. Primeiramente, que o direito necessariamente possui, como esclarece HART, uma textura aberta (HART, 1996: 128); em segundo lugar, que os casos que não se amoldam a essa moldura – que são normalmente denominados «casos difíceis» – não podem ser decididos exclusivamente com base no direito positivo. Nessa situação há também duas possibilidades. A primeira é que a decisão é tomada sem quaisquer razões. Isso, porém, é excluído pela pretensão de correção. A segunda é que a decisão é tomada com base em razões que não formam parte do direito positivo (cfr. RAZ, 1996: 207). Há muitos tipos diferentes de razões que se situam fora da classe de razões que formam parte do direito positivo. O espectro compreende considerações de utilidade, tradição, e ideias comuns acerca do que é bom ou ruim, assim como considerações sobre os princípios de justiça. Pode-se formular a questão de onde entre todas essas razões não jurídicas se pode estabelecer uma linha entre considerações morais e não morais. O que não pode ser posto em dúvida, entretanto, é que considerações de justiça pertencem à argumentação moral. Quando as razões que formam parte do direito positivo se esgotam, a pretensão de correção permite todos os tipos de argumentos que constituam boas razões para uma decisão judicial, mas desde que seja dada prioridade às considerações de justiça sobre todas as outras considerações que não sejam também baseadas no direito positivo (cfr. ALEXY, 1999: 378-379). Isso é suficiente para estabelecer que a pretensão de correção necessariamente se refere à argumentação moral quando a decisão não pode ser tomada unicamente com fundamento no direito positivo. A pretensão de correção implica não apenas o poder jurídico de o juiz para aplicar razões morais nos casos difíceis, mas a obrigação jurídica de fazê-lo, sempre que possível. Analisadas as coisas do ponto de vista do positivismo, isso constitui uma conexão necessária entre o direito positivo e a moral. Essa conexão tem como consequência que decisões moralmente defeituosas são também legalmente defeituosas. Do ponto de vista de uma concepção de direito não positivista mais ampla, isso significa a inclusão de razões morais na esfera do direito (cfr. ALEXY, 1998: 217-218). Poder-se-ia dizer muito mais sobre a importância de argumentos morais na argumentação jurídica (cfr. ALEXY, 1989: 211-220), mas o que foi dito até agora é suficiente para demonstrar que a pretensão de correção implica uma conexão necessária entre argumentos morais e jurídico-positivos no discurso jurídico.

A pretensão de correção é necessariamente erigida em todos os sistemas jurídicos. Se ela não é erigida, o sistema em questão não é um sistema jurídico.

Portanto, é supérfluo basear a incorporação de princípios morais pelo direito por meio de uma regra de reconhecimento *qua* «prática convencional normativa» (Coleman, 1996: 316), como faz Coleman. A incorporação de princípios morais não é uma questão de convenções. Se esse fosse o caso, então existiria uma alternativa entre incorporar ou não incorporar esses princípios. Como a pretensão de correção demonstra, esse não é o caso. A incorporação é uma propriedade necessária do direito. Se fizer algum sentido construir uma regra de reconhecimento, que é uma questão que eu não vou enfrentar aqui, então não é dado ao direito positivo decidir se essa regra de reconhecimento incorpora princípios morais em virtude de sua correção, já que esse é um tema a ser resolvido pelo próprio conceito de direito. Esse ponto é obscurecido por Coleman em seu «positivismo inclusivo» (Coleman, 1996: 287).

O argumento da correção é um argumento conceitual – no sentido amplo esboçado acima – para uma conexão necessária entre direito e moral. A conexão que deriva da pretensão de correção é, porém, apesar de ser uma conexão necessária, uma conexão frágil. É apenas uma conexão qualificadora e não uma conexão classificadora. Defende-se uma conexão classificadora quando se sustenta que normas ou sistemas normativos que não satisfaçam a um critério moral particular não contam como normas jurídicas ou sistemas jurídicos. Uma conexão qualificadora exige muito menos. Defende-se tal tipo de conexão quando se sustenta que normas ou sistemas normativos podem não satisfazer bem um critério moral particular e ainda sim contarem como normas jurídicas ou sistemas jurídicos, apesar de serem normas jurídicas juridicamente defeituosas ou sistemas jurídicos juridicamente defeituosos. A pretensão de correção somente conduz a uma conexão qualificadora. Esse ponto, porém, não é desinteressante. A conexão necessária qualificadora significa que as decisões jurídicas moralmente defeituosas são necessariamente defeituosas do ponto de vista jurídico. Nesse sentido, uma dimensão ideal é incorporada ao direito. Isso afeta fundamentalmente a forma de se compreender o direito.

5.2 O argumento da injustiça extrema

Permanece ainda a questão acerca da existência, também, de uma conexão classificadora entre direito e moral. Uma tal conexão classificadora é expressa pela Fórmula de Gustav Radbruch, que foi aplicada pelos tribunais alemães depois da queda do Nacional Socialismo em 1945 e depois do colapso da República Democrática Alemã em 1989. Kent Greenwalt sustenta que a «questão do «direito injusto» perdeu em grande medida o seu sentido» (Greenwalt, 1996: 9). Em sentido contrário, a aplicação da fórmula de Radbruch pelos tribunais alemães mostra que esse tema em nenhuma medida perdeu o seu significado: de fato, ele permanecerá importante enquanto houver a possibilidade de existirem sistemas jurídicos injustos ou corrompidos. A formulação mais concisa da fórmula de Radbruch que se pode conceber é a seguinte: «*A extrema injustiça não é direito*».

Essa fórmula não exige uma completa adequação entre o direito e a moral. Ela permite que normas sociais apropriadamente instituídas e socialmente eficazes sejam consideradas direito válido mesmo quando elas sejam severamente injustas. É nos casos de extrema injustiça que ela dá preferência à justiça material sobre a segurança jurídica. Nesse sentido, ela estabelece um limite último para o direito.

Eu não gostaria de discutir a correção da fórmula de Radbruch aqui. Isso é algo que eu já fiz em outra ocasião (Alexy, 2002: 28-31, 40-62). Irei me restringir à questão da natureza dos argumentos aduzidos em conexão com a disputa concernente ao problema de se até mesmo a injustiça extrema pode ser considerada direito válido. Minha tese é de que, apesar de todos os argumentos até o momento considerados serem aplicáveis, o papel decisivo é desempenhado por uma mistura de argumentos normativos e argumentos filosóficos.

Argumentos semânticos não têm importância. O significado da expressão «direito» nem exclui a fórmula de Radbruch e nem a sua negação. O argumento da correção, que é outro tipo de argumento conceitual, oferece uma razão para não conceber a extrema injustiça como direito, mas ele não decide como lidar com o problema da retroatividade depois de romper com um sistema injusto. O problema mais importante refere-se ao princípio da *nulla poena sine lege*. Esse problema é um problema prático ou normativo. Ele concerne à ponderação do princípio da *nulla poena sine lege* com o princípio da justiça material. A confiança na imunidade jurídica contra a ação penal por parte dos que desempenharam ou irão desempenhar um papel ativo em um Estado injusto está protegida pelo princípio da *nulla poena sine lege*, ao passo que os direitos das vítimas passadas e futuras de atos de extrema injustiça impostos pelo direito está protegida pelo princípio da justiça material. É característico dos argumentos normativos sobre a natureza do direito que a solução desse problema normativo depende não apenas de argumentos normativos, mas também de argumentos genuinamente filosóficos concernentes à possibilidade de conhecimento moral ou de justificação moral. Hart arguiu que nada segue para o conceito de direito do simples dado de que princípios morais sejam «racionalmente defensáveis» ou «descobríveis» (Hart, 1983: 84). A questão sobre se essa afirmação é correta pode ser deixada em aberto. De todo modo, a hipótese conversa é correta. Se todos os juízos sobre a justiça forem nada mais do que expressões de emoções, decisões, preferências, interesse ou ideologias, ou seja, se a tese metaética do relativismo radical e do subjetivismo estiver correta, pouco poderá ser dito em favor da concepção não positivista do direito expressa por meio da fórmula de RADBRUCH.[9] Portanto, no final de nossa jornada pelo universo dos argumentos sobre a natureza do direito, nós chegamos ao mesmo tipo de argumento com o qual nos começamos: um argumento genuinamente filosófico.

BIBLIOGRAFIA

ALEXY, R., 1989: *A Theory of Legal Argumentation*. Trad. de Adler, R. e MacCormick N. Oxford: Clarendon Press.

— 1998: «Law and Correctness». *Current Legal Problems*, vol. 51: 205-221.

— 1999: «The Special Case Thesis». *Ratio Juris*, vol. 12: 374-384.

— 2002: *The Argument from Injustice. A Reply to Legal Positivism*. Trad. de Litschewski Paulson B. e Paulson S. Oxford: Clarendon Press.

AUSTIN, J. L., 1970: «A Plea for Excuses», em AUSTIN, J. L., *Philosophical Papers*, Urmson, J. O. e Warnock G. J. (orgs.). 2.ª ed., Oxford: Clarendon Press: 175-204.

COLEMAN, J., 1996: «Authority and Reason», em GEORGE, R. P. (org.). *The Autonomy of Law*. Oxford: Clarendon Press: 287-319.

FREGE, G., 1967: «The Thougt: A Logical Inquiry». Trad. de Quinton, A. M. C. Quinton, M., em STRAWSON, P. F. (org.). *Philosophical Logic*. Oxford: Oxford University Press: 17-38.

GREENWALT, K. «Too Thin and Too Rich: Distinguishing Features of Legal Positivism», em: GEORGE, R. P. (org.). *The Autonomy of Law*. Oxford: Clarendon Press: 1-29.

GRICE, H. P.; STRAWSON, P. F., 1956: «In Defence of a Dogma», *The Philosophical Review*, vol. 65: 141-58, 157-8.

HART, H. L. A., 1983: «Positivism and the Separation of Law and Morals», em: HART, H. L. A., *Essays in Jurisprudence and Philosophy*. Oxford: Clarendon Press: 49-87.

— 1996: *The Concept of Law*. 2.ª ed. Oxford: Clarendon Press.

KANT, I, 1991: *The Metaphysics of Morals*. Trad. de M. Gregor. Cambridge: Cambridge University Press.

KANTOROWICZ, H., 1958: *The Definition of Law*. Campbell A. H. (ed.). Cambridge: Cambridge University Press.

KELSEN, H., 1992: *Introduction to the Problems of Legal Theory*. Trad. de Litschewski Paulson, B. e Paulson, S. L. da 1.ª edição da Reine Rechtslehre de 1934. Oxford: Clarendon Press.

9. Em 1932, RADBRUCH o expressou da seguinte maneira: «o relativismo, que até o momento tem sido nosso único método, se incorpora dentro do sistema domo um de seus componentes essenciais». Cfr. RADBRUCH, 1950: 116 (§10).

OLIVECRONA, K., 1939: *Law as Fact*. Copenhagen: Einar Munksgaard; Londres: Humphrey Milford.

POSTEMA, G. J., 1996: «Law's Autonomy and Public Practical Reason», em: GEORGE, R. P. (ed.). *The Autonomy of Law*. Oxford: Clarendon Press: 79-118.

RADBRUCH, G., 1950: «Legal Philosophy» (Wilk, K., trad.), em: PATTERSON, E. W. (ed.). *The Legal Philosophies of Lask, Radbruch and Dabin*. Cambridge, Mass.: Harvard University Press: 43-224.

RAZ, J., 1995: «The Problem about the Nature of Law», em RAZ, J., *Ethics in the Public Domain*. Oxford: Clarendon Press: 195-209.

— 1996: «On the Nature of Law». *Archives for Philosophy of Law and Social Philosophy*, 82.

SOPER, P., 1996: «Law's Normative Claims», em: GEORGE, R. P. (ed.). *The Autonomy of Law*. Oxford: Clarendon Press: 215-247.

VON JHERING, R., 1913: *Law as Means to an End*, trad. de Husik, I. da 2.ª ed. de Der Zweck im Recht, vol. 1 (1884). Boston: Book Co.

III

SOBRE O CONCEITO E A NATUREZA DO DIREITO[1]

O debate sobre o conceito e a natureza do direito é ao mesmo tempo venerável e ávido. Remontando no tempo a mais de dois milênios, ele adquiriu em si mesmo um grau de sofisticação até então desconhecido.

1. O SIGNIFICADO PRÁTICO E TEÓRICO DO DEBATE

Há razões práticas assim como teóricas para a persistência e vivacidade da questão, e essas duas notas estão estritamente conectadas. Definir o conceito de direito e determinar a sua natureza é dizer o que o direito é. Todo jurista em todos os sistemas jurídicos tem uma ideia mais ou menos clara acerca do que o direito é; não fosse assim, o jurista não seria capaz de identificar o que o direito exige em um dado sistema jurídico. Na maioria dos casos, não surgem problemas. Adentrar em uma argumentação sobre o conceito ou a natureza do direito está fora de questão. As coisas são diferentes, no entanto, nos casos extraordinários.

1.1 A injustiça legislativa e a Fórmula de Radbruch

Historicamente, a classe mais espetacular de casos extraordinários concerne à injustiça legal. Um exemplo é a Ordenação n. 11, de 25 de novembro de 1941, expedida de acordo com a Lei da Cidadania do Império Alemão, de 15 de setembro de 1935, que privava os emigrantes judeus da cidadania alemã

---

1. Tradução do texto original publicado em 2008: *Ratio Juris*, vol. 21 (n. 3): 281-99.

e de toda a sua propriedade (ver ALEXY, 1999: 18-19). A Ordenação n. 11 havia sido devidamente expedida e era socialmente eficaz. De acordo com o conceito de direito positivista, que define o direito exclusivamente por meio da referência à promulgação autoritativa e à eficácia social (ALEXY, 2002: 3, 14-19), ou seja, como um fato social (RAZ, 1979: 41, 47), a Ordenação n. 11 tinha, de fato, servido para privar todos os judeus alemães emigrantes de sua cidadania e propriedade.

Em sentido contrário, o Supremo Tribunal Federal alemão,[2] assim como a Corte Constitucional Federal alemã[3] seguiram uma linha não positivista. O núcleo jusfilosófico de sua argumentação está fundado na fórmula de Gustav RADBRUCH. Aqui apenas a primeira parte[4] da fórmula é relevante. Ela diz que:

> «O direito positivo, assegurado pela legislação e pelo poder, tem precedência mesmo quando o seu conteúdo é injusto e deixa de beneficiar o povo, a não ser que o conflito entre a lei e a justiça alcance um tal grau de intolerabilidade que a lei, enquanto "direito defeituoso", tenha que ceder ante à justiça» (RADBRUCH, 2006: 7).

Talvez a característica mais importante da fórmula de RADBRUCH enquanto expressão de um conceito de direito não positivista é que ela não exige qualquer tipo de adequação completa entre o direito e a moral. É dizer, normas apropriadamente expedidas e socialmente eficazes podem muito bem ser direito válido mesmo quando elas sejam severamente injustas. É apenas quando a barreira da injustiça intolerável é cruzada que as normas apropriadamente expedidas e socialmente eficazes perdem a sua validade jurídica. Nesse sentido, o conceito não positivista de direito incorpora um limite exterior ao direito.

Juntamente com o termo «intolerável» (*unerträglich*), RADBRUCH usa a expressão «horrível» (*horrend*) (RADBRUCH, 1990: 154) a fim de designar a linha divisória. O termo «extrema» parece, entretanto, ser mais adequado do que «intolerável» ou «horrível» ao expressar a ideia de um umbral que se situa no ponto máximo de uma escala. A formulação mais concisa que se pode imaginar da fórmula de RADBRUCH seria então a seguinte:

A injustiça extrema não é direito.

Quem quer que aceite essa fórmula não apenas aceitou o não positivismo como uma concepção teórica, mas está também advogando uma tese jurídica substancial com consequências práticas imediatas.

---

2. *BGHZ* 16 (Decisões do Supremo Tribunal Federal Alemão, sala Civil, 1955), vol. 16: 350, 354.

3. *BVerfGE* 23 (Decisões do Tribunal Constitucional da República Federal Alemã, 1968), vol. 23: 98, 106.

4. Sobre a primeira parte, ver ALEXY 1999, 15-16.

1.2 A textura aberta do direito e o autoentendimento dos juristas

Em nenhum lugar o impacto prático de questões sobre o conceito e a natureza do direito é mais óbvio do que nos casos de extrema injustiça que se encontram em um regime despótico. O debate entre o positivismo jurídico e o não positivismo jurídico tem, porém, consequências práticas não apenas em casos espetaculares, mas também na vida cotidiana do direito. A vida cotidiana do direito é cheia de casos difíceis que não podem ser decididos simplesmente com base no que foi autoritariamente expedido. Decisões *contra legem* são os exemplos mais notáveis, mas os juristas também têm que recorrer a razões não autoritativas nos casos de lacunas, nos casos de conflitos entre normas que somente podem ser resolvidos por meio de ponderações e também nos casos – mais frequentes e menos espetaculares – de vagueza da linguagem jurídica ou de indeterminação das intenções do legislador. Se as decisões jurídicas devem estar baseadas em razões, então onde faltem razões autoritativas as razões para decisões jurídicas devem incluir razões não autoritativas. Entre essas razões não autoritativas a classe mais importante consiste em razões de justiça. Questões de justiça são, porém, questões morais. Isso implica que a textura aberta do direito (ver HART, 1994: 128) torna impossível uma aplicação do direito não arbitrária ou justificada que não inclua um raciocínio moral.

Pois bem, há um amplo consenso entre positivistas e não positivistas no sentido de que argumentos morais são indispensáveis para o raciocínio jurídico ou a argumentação jurídica (RAZ, 1993: 7, 9). O ponto de desacordo se encontra em como isso deve ser interpretado. De acordo com o não positivismo, os argumentos morais que são indispensáveis para uma resposta bem fundada a uma questão jurídica são necessariamente incorporados ao direito. O positivismo em sua versão mais frágil, conhecida como positivismo inclusivo, rejeita a ideia de que essa incorporação seja necessária. E, para além disso, a versão mais forte do positivismo, conhecida como positivismo exclusivo, sustenta que tal incorporação está necessariamente excluída, pois – como prossegue a sua argumentação – razões morais, por sua natureza, são necessariamente não autoritativas, e o direito compreende apenas razões autoritativas.

Este debate é, em primeiro lugar e em sua maior parte, um debate acerca da autocompreensão dos juristas. Se o direito e a moral estão separados, como o positivismo insiste que eles devem estar, então os juristas têm que distinguir entre dois pontos de vista na aplicação do direito: o ponto de vista jurídico e o ponto de vista moral. Com base nessa distinção, a perversidade moral enquanto tal não possui influência no mérito jurídico de uma decisão. Se, por outro lado, o direito e a moral estão necessariamente conectados, então a perversidade moral possui sim um efeito sobre o direito. Dada essa condição, decisões moralmente incorretas não podem ser legalmente perfeitas em todos os seus aspectos. Essa diferença no autoentendimento não possui, diferentemente da fórmula de Radbruch, efeitos imediatos no conteúdo das decisões alcançadas. Mas pode-se assumir que o processo de tomada de decisões jurídicas é influenciado pelo autoentendimento daqueles que decidem. Nesse sentido, a diferença no autoentendimento possui consequências indiretas. Essas consequências indiretas sobre o autoentendimento dos juristas é uma parte essencial da importância prática do debate sobre o conceito e a natureza do direito.

1.3 O conceito de direito como um conceito de tipo não naturalístico

Se o debate acerca do conceito e da natureza do direito tivesse apenas um significado prático, então ele seria simplesmente mais uma disputa jurídica – certamente uma disputa bastante abstrata, mas que não teria qualquer caráter especial. Ele possui, todavia, um caráter especial, e isso se deve à sua significação teórica. O debate sobre o conceito e a natureza do direito é um debate acerca de verdades necessárias sobre o direito. A verdade das pretensões controversas em discussão não depende, em qualquer sentido, de este ou aquele aspecto histórico do desenvolvimento do sistema jurídico. Esse fato – de essa verdade não depender de tais aspectos particulares de um sistema jurídico – é um reflexo do *status* do problema em discussão, que constitui um debate filosófico genuíno. O fato de esse debate filosófico ter consequências práticas – ou seja, consequências para o direito válido – dá ênfase ao fato de que o direito e a filosofia estão necessariamente conectados (ver Alexy, 2007a: 166-169).

O que foi dito até então, no entanto, não é suficiente para quem deseja entender o que está verdadeiramente em jogo no debate sobre o conceito e a natureza do direito. O debate não apenas é por natureza filosófico, mas tem também um interesse filosófico mais específico.

O conceito de direito se refere a uma entidade que conecta o real e o ideal de um modo necessário. Apesar de estar ancorado no mundo real, o direito não pode ser reduzido a um conceito referente a uma entidade natural ou a um objeto – tais como os conceitos de água, de buraco-negro, ou de matar. A análise de um tal conceito pode ser interessante por razões de natureza filosófica mesmo se essa análise não tivesse consequências jurídicas – o que, no entanto, não é o caso.

2. POSITIVISMO E NÃO POSITIVISMO

2.1 A tese da separação e a tese da conexão

A controvérsia entre o positivismo e o não positivismo é uma disputa sobre a relação entre o direito e a moral. Todos os positivistas defendem a *tese da separação*. Na sua forma mais geral, a tese sustenta que não há relação necessária entre o direito tal como ele é e o direito tal como ele deve ser. Em uma versão mais precisa, ela sustenta que não há conexão necessária entre, por um lado, a validade jurídica ou correção jurídica e, por outro lado, e os méritos e deméritos morais ou a correção e a incorreção moral.[5] Diferentemente, todos os não positivistas defendem a *tese da conexão*, que sustenta que há uma conexão necessária entre a validade jurídica ou correção jurídica, por um lado, e os méritos e deméritos morais ou correção e incorreção, por outro.

2.2 Positivismo exclusivo e inclusivo

Tanto a tese da separação como a tese da conexão se submetem a uma variedade de interpretações diferentes. Para tornar mais claro o que está em questão na disputa entre o positivismo e o não positivismo, é recomendável voltar a atenção para as posições fundamentais. As posições em disputa no nosso debate infindável somente podem ser entendidas em comparação com as suas posições opostas.

No âmbito do positivismo, a distinção entre o positivismo exclusivo e inclusivo é a divisão mais importante no que concerne à relação entre o direito e a moral. O positivismo exclusivo, tal como advogado mais proeminentemente por Joseph RAZ, mantém que a moralidade está necessariamente excluída do conceito de direito (RAZ, 1979: 47). O positivismo exclusivo encontra-se em uma relação de contrariedade em relação ao não positivismo, que argumenta

---

5. A tese da separação por vezes se expressa de forma simplificada por meio da frase: «não há uma conexão necessária entre o direito e a moral». Não há problemas em se interpretar esta frase como uma forma abreviada de uma versão mais precisa: «não há uma conexão necessária entre a validade jurídica ou correção jurídica, por uma parte, e o valor da correção ou da incorreção moral, por outra». Sem embargo, é possível interpretar a primeira frase de modo que sua negação, ou seja, a asserção de que «existem conexões necessárias entre o direito e a moral», seja compatível com o positivismo. É o que fez RAZ ao empregar o conceito de uma conexão necessária para se referir a relações entre o direito e moral que não têm, enquanto tais, nada a ver com os méritos morais do direito ou com a sua correção. Um de seus exemplos é o seguinte: «Tendo em vista o pluralismo, necessariamente nenhum Estado ou sistema jurídico pode manifestar» no grau mais elevado «todas as virtudes ou os vícios que há» (RAZ, 2003: 3). Se o pluralismo dos valores, como RAZ propõe, se «define como a existência de uma pluralidade de valores que não podem ser realizados na vida de um único ser humano» (ibidem), então é necessariamente verdadeiro que na realidade nenhum sistema jurídico pode realizar ou ajudar a realizar no mais alto grau possível todos os valores morais que competem entre si. Não obstante, esta necessidade é uma necessidade lógica que tem a ver com a relação entre os sistemas jurídicos e os valores morais que competem entre si. Ela não enseja nenhuma consequência direta sobre o debate em torno do positivismo, pois, como tal, não tem nada a ver com a relação entre a validade jurídica ou a correção jurídica, por uma parte, e os méritos morais ou a correção moral, por outra. Para que tivesse algum efeito sobre esta relação, seria necessário adicionar uma premissa tal como «todos os valores têm que ser tratados igualmente pelo direito». Se uma tal premissa, ou sua negação, estivesse conectada necessariamente com o direito, o exemplo de RAZ se tornaria relevante para o problema do positivismo. Sem embargo, isso não é o que RAZ sustenta. Algo parecido é verdadeiro em relação a todos os outros exemplos que RAZ menciona sobre as relações necessárias entre o direito e a moral. Veja-se ALEXY, 2005: 739-740.

que a moralidade está necessariamente incluída no conceito de direito, quer dizer, necessariamente não excluída desse conceito. O positivismo inclusivo, tal como defendido, por exemplo, por Jules COLEMAN, apresenta-se como uma rejeição tanto do positivismo exclusivo como do não positivismo. Ele sustenta que a moralidade não está nem necessariamente excluída nem necessariamente incluída. A inclusão é tida como uma questão contingente ou convencional (COLEMAN 1996, 316)[6] referida àquilo que diz o direito positivo.[7] O não positivismo, ao arguir não somente que a moralidade não está necessariamente excluída, mas também que ela está necessariamente incluída, é contrário a ambas as formas de positivismo.[8]

---

6. A diferença entre o positivismo inclusivo e o positivismo exclusivo permite uma outra distinção, nomeadamente entre a tese da separabilidade e a tese da separação. O positivismo inclusivo argumenta somente em favor da separabilidade, ao passo que o positivismo exclusivo insiste na separação. Por razões de simplicidade, no entanto, aqui não se utilizará esta distinção. A tese da separação, tal como definida acima, se relaciona de forma estrita com a da separabilidade, pois ela não diz que não há necessariamente conexões, mas apenas que não há conexões necessárias. A separação, no entanto, implica a separabilidade. Rejeitar a separabilidade é, portanto, rejeitar a separação. Isso permite que a terminologia mais simplificada seja utilizada aqui.

7. Poder-se-ia notar, de passagem, que aproximadamente meio século antes, Hans KELSEN já havia introduzido a tese principal do que hoje se denomina «positivismo inclusivo». «Ao se aplicar uma lei, pode muito bem haver espaço para uma atividade cognitiva para além da descoberta da moldura à qual o ato de aplicação do direito está confinado; entretanto, isso não se trata de conhecimento do direito positivo, mas de cognição de outras normas, que podem penetrar no processo de criação do direito, a saber, as normas, nomeadamente, da moral, da justiça – juízos sociais de valor costumeiramente caracterizados mediante frases como «bem estar do povo», «interesse público», «progresso» etc. Do ponto de vista do direito positivo, nada se pode dizer sobre sua validade e sobre se ela pode ou não ser identificada. Desde este ponto de vista, todas estas determinações podem ser caracterizadas apenas negativamente. Elas são determinações que não derivam do direito positivo. Em relação ao direito positivo, o ato jurídico é livre de tais constrições, ou seja, a autoridade competente para atuar está livre para fazê-lo de acordo com sua própria discricionariedade a não ser que o direito positivo incorpore [autorize] alguma norma metajurídica tal como as da moral, da justiça, etc. Esta norma, no entanto, se transformaria por esse procedimento em uma norma jurídica» (KELSEN 1992, 83).

8. Pode-se demandar uma determinação mais precisa do papel desempenhado pela contradição, de um lado, e pela contrariedade, de outro, na relação entre o positivismo exclusivo, o positivismo inclusivo e o não positivismo. A resposta é direta. Se «I» representar «o Direito inclui a moral», então, prefaciar «I» com o operador de necessidade «□» conduz a «□I». «□I» expressa o não positivismo, ou seja: «É necessariamente o caso de que o que o direito inclui a moral». Em contraste, o positivismo exclusivo diz: «É necessariamente o caso de que o direito não inclui a moral», ou seja «□¬I». «□I» e «□¬I» se encontram em uma relação de contrariedade, pois uma exclui a outra sem que isso se derive de sua negação. O positivismo inclusivo é a conjunção da negação tanto do positivismo exclusivo como do não positivismo, nomeadamente «¬□¬I & ¬□I», que se lê: «não é nem necessariamente o caso de que o direito não inclui a moral e nem necessariamente o caso de que o direito inclui a moral». Cada um dos membros desta conjunção se encontra em uma relação de contradição com a posição não prefaciada pela negação, qual seja, em uma relação de contradição ou com o positivismo exclusivo (□¬I) ou com o não positivismo (□I). A conjunção como um todo, ou seja, o positivismo inclusivo, se encontra em uma relação de contrariedade tanto com o não positivismo como com o positivismo exclusivo.

2.3 O não positivismo exclusivo, inclusivo e superinclusivo

Recentemente a divisão entre o positivismo exclusivo e inclusivo atraiu uma grande atenção. Esse não foi o caso, no entanto, no que concerne a divisões entre as variáveis do não positivismo. Ainda assim, as diferenças no âmbito do não positivismo não são menos importantes para o debate acerca do conceito e da natureza do direito do que aquelas que ocorrem no âmbito do positivismo.

As diferenças no campo do não positivismo que são relevantes aqui dizem respeito a diferentes efeitos sobre a validade jurídica que são atribuíveis aos defeitos morais. O não positivismo pode determinar os efeitos sobre a validade jurídica que derivam de defeitos ou deméritos morais de três maneiras diferentes. Pode ser o caso de que a validade jurídica seja perdida em todos os casos; ou que ela seja perdida em alguns casos e não em outros; ou, finalmente, que a validade jurídica não seja afetada de nenhuma maneira.

A primeira posição, de acordo com a qual todo defeito moral enseja a invalidade jurídica, é a versão mais radical do não positivismo, sendo encontrada na literatura apenas raramente. Essa posição pode ser caracterizada como um «não-positivismo exclusivo» a fim de expressar a ideia de que cada defeito moral é considerado como apto a excluir certos fatos sociais do rol das fontes de validade jurídica (ALEXY, 2006: 173).[9] Um exemplo de não positivismo exclusivo é a posição defendida por Deryck BEYLEVELD e Roger BROWNSWORD. De acordo com a posição desses autores, «regras imorais não são válidas legalmente» (BEYLEVELD e BROWNSWORD, 2001: 76).

Isso parece, à primeira vista, um pouco curioso. Parece que a moralidade domina completamente o direito. Mas isso, devido à «natureza controvertida de questões morais» (BEYLEVELD e BROWNSWORD, 1994: 369), levaria à anarquia. BEYLEVELD e BROWNSWORD estão, porém, bem cientes desse problema, e eles desenvolvem uma teoria complexa para delimitar o que parecem ser os efeitos gerais do conflito entre o direito e a moral na validade jurídica (ibidem). Este parece, todavia, ser um caso paradigmático de uma construção auxiliar que serve, na melhor das hipóteses, para lidar com as consequências de um erro ao invés de curar a doença em si mesma (ALEXY, 2006: 171). A doença enquanto tal consiste em passar despercebida pela natureza dualista do direito. O direito compreende uma dimensão factual assim como uma dimensão ideal. Isso exclui qualquer esforço para fundamentar o impacto da dimensão fática

---

Cada um dos três exclui os demais sem que isso derive da negação de qualquer dos demais. Portanto, a conjunção dos sub-contrários reflete uma tríade, que por sua vez é entendida em termos de contrariedade.

9. *Cfr.* ALEXY, 2006: 173. Para uma aproximação semelhante que, sem embargo, utiliza as expressões jusnaturalismo «exclusivo» e «inclusivo» de maneira diferente», ver: LA TORRE, 2006: 200, 207.

ou autoritativa meramente em considerações auxiliares. A dimensão fática – definida pela expedição autoritativa e pela eficácia social –, da mesma forma que a dimensão ideal – definida pela correção moral –, pertence ao direito desde o início.

A segunda versão do não positivismo, que pode ser denominada «não positivismo inclusivo», pretende que o não positivismo exclusivo tal como representado por BEYLEVELD e BROWNSWORD expressa um preconceito injustificado contra a dimensão factual do direito. Por conseguinte, o não positivismo exclusivo pode ser criticado como uma superidealização do direito. Esse equívoco pode ser evitado por meio da fórmula de RADBRUCH, que não sustenta nem que os defeitos morais sempre minam a validade jurídica e nem que eles nunca são capazes de fazê-lo. Os defeitos morais excluem a validade jurídica se e somente se o limite da injustiça extrema é ultrapassado. Além desse limite, os efeitos ou defeitos morais estão confinados a defeitos jurídicos. Essa será a versão de não positivismo que será defendida aqui.

Aceitar a fórmula de RADBRUCH é aderir a uma versão do não positivismo inclusivo que sustenta que a validade jurídica é perdida em alguns casos de defeitos ou deméritos morais, mas não em outros. Existe ainda, como mencionado, uma terceira versão de não positivismo. Ela sustenta que a validade jurídica em nenhum sentido é afetada pelos defeitos morais ou pela incorreção moral. À primeira vista, essa versão do não positivismo inclusivo é ainda mais curiosa do que o não positivismo exclusivo. É realmente possível permanecer como um não positivista ao sustentar que a validade jurídica de nenhuma maneira é afetada pelos defeitos morais? Não implica isso que o defensor dessa posição inevitavelmente reverte-se para o campo do positivismo? Um olhar sobre a teoria do direito de KANT pode nos ajudar a responder a essa questão, que é uma questão que parece ter algum significado para o entendimento da natureza do não positivismo.[10] KANT inicia com pretensões que são de caráter profundamente não positivistas. Especialmente importantes são suas pressuposições no sentido de que existe um «direito inato» à liberdade (KANT, 1996c: 393) e de que existe um direito, baseado em nada mais do que na racionalidade pura, a adquirir propriedade (ibidem: 406). É de se notar que ambos esses direitos estão fundamentados «apenas em princípios *a priori*» (ibidem: 393), ou seja, existem independentemente de qualquer direito positivo. Não obstante, o segundo passo na argumentação de KANT leva do direito não positivo ou «direito natural» (ibidem, tradução alterada) ao direito positivo. KANT argúi que sem a transformação em direito positivo, esses direitos não positivos ou naturais permaneceriam completamente sem efeitos. Por essa

---

10. Outro exemplo pode ser a interpretação do conceito de direito no segundo sentido de Tomás de Aquino, tal como se encontra em FINNIS, 1980: 364-366.

razão, todos têm a obrigação, estabelecida *a priori* pela racionalidade prática, de se sujeitar à legislação positiva e à administração positiva do direito:

> «Antes de uma condição jurídica pública ser estabelecida os indivíduos, os povos e os Estados não podem jamais estar seguros contra a violência de um contra o outro, já que cada um tem o seu próprio direito a fazer *o que lhe parece ser correto ou bom* e não depende da opinião de qualquer outro sobre isto. Portanto, a não ser que se queira renunciar a quaisquer conceitos de direito, a primeira coisa que se deve estabelecer é o princípio de que se deve deixar o estado de natureza, em que cada um segue o seu próprio juízo, unindo-se a todos os demais (com os quais não se pode evitar uma interação), sujeitando-se assim à coerção jurídica externa e, deste modo, ingressando na condição em que o que estiver reconhecido como pertencente *ao direito* e por ele determinado é estabelecido por meio de um *poder* adequado (não um poder que lhe é próprio, mas um poder externo)» (ibidem: 456).

O ponto crucial do argumento de KANT é que a transição do direito não positivo ao direito positivo é um passo tão radical quanto se possa imaginar. Tão logo um sistema de direito positivo é estabelecido, toda forma de resistência ou desobediência com apelo a direitos não positivos ou naturais está proibida – e, KANT adiciona, «esta proibição é *incondicional*» (KANT, 1996b: 298). A proibição se aplica mesmo em casos em que o legislador «tenha dado poderes ao governo para proceder de maneira bastante violenta (tiranicamente)» (ibidem).

Caso se siga Jeremy WALDRON neste ponto, deve-se «situar KANT na clássica, mas honesta, categoria do positivismo verdadeiro» (WALDRON, 1996: 1566). Mas essa posição é correta? O fundamento do argumento de KANT em favor da autoridade estrita do direito positivo é a «ideia de uma constituição política enquanto tal» (KANT, 1996c: 505, tradução alterada), sem a qual seria impossível «estabelecer o direito» (ibidem: 506, tradução alterada), ou seja, assegurar a eficácia dos direitos. Essa ideia – assim como, de acordo com KANT, todas as ideias em geral – demanda «a maior proteção possível» (KANT, 1996a: 364). Uma «*constituição jurídica* perfeita» (KANT, 1996c: 505, tradução alterada), entretanto, demandaria não somente uma autoridade positiva perfeita, mas também a perfeita realização dos direitos não positivos: Ela demandaria que fosse estabelecida uma sociedade «em que a *liberdade sob leis externas* seja combinada na máxima medida possível com uma coerção irresistível» (KANT, 1991: 45, tradução alterada).[11] O conceito de ideia torna possível para KANT conectar a «submissão [in]condicional» ou completa (1996c: 506) ao direito positivo com a necessária submissão do direito positivo ao direito não positivo. O direito enquanto ideia é necessariamente tanto uma parte do

---

11. KANT, 1991: 45. KANT emprega ambos conceitos, o da «constituição jurídica perfeita» (KANT, 1996a: 505) e o conceito da «constituição civil perfeitamente justa» (KANT, 1991: 46). Estes dois conceitos estão conectados pelo fato de que, de acordo com KANT, uma constituição que não é perfeitamente justa não é uma constituição jurídica perfeita.

conceito de direito como o é o direito enquanto fato. Portanto, onde o direito positivo falha em alcançar as exigências do direito enquanto ideia, isso tem o efeito de tornar o direito positivo não somente moralmente defeituoso, mas também juridicamente defeituoso. Quando KANT fala sobre uma «*constituição jurídica* perfeita» ou sobre «graves defeitos e falhas grosseiras» (ibidem: 505, tradução alterada) de uma constituição, é precisamente isso que ele tem em mente. Como se percebe, uma teoria do direito que não apenas fundamenta a validade do direito positivo em princípios que são de caráter não positivista – como faz o positivismo normativo[12NT] – mas que também, para além disso, permite que o direito positivo seja *juridicamente* defeituoso por não se conformar a princípios não positivistas, só pode ser uma teoria do direito não positivista. Não obstante, resta o fato de que toda e qualquer norma, uma vez estabelecida autoritativamente e socialmente eficaz, há que ser classificada por essa versão do não positivismo como uma norma juridicamente válida. Ou seja, toda norma baseada em fatos sociais é uma norma jurídica válida. A conexão entre o direito e a moral é, portanto, não uma conexão do tipo classificatório, mas apenas uma conexão ideal ou qualificativa (ver ALEXY, 2002: 26).[13NT] Isso, porém, é suficiente para estabelecer uma conexão necessária entre o direito e a moral, uma conexão que não pode ser reconciliada com a tese positivista da separação. Por essa razão, parece preferível conceber teorias como a de KANT não como teorias positivistas, como WALDRON propõe, senão como teorias não positivistas. Acima de qualquer dúvida, tais teorias se apresentam como versões extremadas do não positivismo. Elas representam o grau mais alto que se pode imaginar de inclusividade (ou não inclusividade) do não positivismo. Por essa razão, esta versão do não positivismo poderia ser denominada «não positivismo superinclusivo». Devido ao seu caráter radical, o não positivismo superinclusivo está exposto a objeções bem semelhantes

12. NT [*Nota do tradutor*] Com a expressão «positivismo normativo» – que já se tornou frequente no debate contemporâneo sobre o positivismo jurídico, principalmente no cenário anglo-americano – o autor se refere às teorias jurídicas que adotam uma concepção positivista de direito *por razões normativas* (veja-se, por exemplo, a concepção de Jeremy WALDRON defendida em seu ensaio «Normative (or Ethical) Poisitivism», publicado em J. COLEMAN (org.), *Hart's Postscript: Essays on the Postscript to «The Concept of Law»*, Oxford: OUP, 2001: 431 e ss). Para este tipo de positivismo, há razões morais que justificam uma teoria positivista para identificar as normas jurídicas válidas (ver, também, F. SCHAUER, «Positivism as Pariah», em R. GEORGE, *The Autonomy of Law: Essays on Legal Positivism*, Oxford: OUP, 1996: 31 e ss). No debate contemporâneo, o denominado positivismo normativo se contrapõe ao positivismo «descritivo», segundo o qual compete à teoria do direito descrever o direito da forma mais neutra possível. A defesa mais paradigmática desta última versão do positivismo jurídico se encontra no Posfácio de Herbert HART à segunda edição de sua obra «O Conceito de Direito».

13. NT [*Nota do tradutor*] Na obra citada, Robert ALEXY explica que uma conexão de tipo classificatório implica que a incorreção moral afeta a validade jurídica de uma norma, ao passo que uma conexão de tipo qualificativo contenta-se em estabelecer que a incorreção torna uma norma juridicamente defeituosa, ainda que esta norma venha a manter intacta a sua validade jurídica.

àquelas que foram dirigidas contra o não positivismo exclusivo. Enquanto o não positivismo exclusivo expressa um preconceito injustificado em relação à dimensão ideal do direito, o não positivismo superinclusivo expressa um preconceito duvidoso em favor da dimensão real ou factual. A objeção de superidealização que foi dirigida contra o não positivismo exclusivo tem como contraparte a objeção de não haver prestado a devida atenção à dimensão ideal do direito, que deve ser dirigida ao não positivismo superinclusivo.

3. CONCEITO E NATUREZA

Tanto o debate no seio do não positivismo como o debate entre os não positivistas e as diferentes formas de positivismo são debates sobre o conceito e a natureza do direito. A questão de como resolver tais debates depende do que seja o conceito e a natureza de algo. Essas questões nos levam ao coração da filosofia. Apenas alguns aspectos desse problema podem ser enfrentados aqui.

3.1 A natureza

Investigar a natureza de algo é investigar as suas propriedades necessárias. Portanto, pode-se substituir a questão «qual é a natureza do direito?» pela questão «quais são as propriedades necessárias do direito?». Propriedades necessárias que são específicas do direito são propriedades essenciais do direito (Alexy, 2004: 163). Propriedades essenciais ou necessárias do direito são aquelas propriedades sem as quais o direito não seria direito. Elas devem estar presentes, independentemente do espaço e do tempo, onde quer e quando quer que exista direito. Portanto, as propriedades necessárias ou essenciais são ao mesmo tempo propriedades universais do direito. A filosofia do direito enquanto investigação sobre a natureza do direito é, portanto, uma empresa de natureza universalista.

Para estarmos certos, a questão acerca de se há propriedades necessárias do direito – é dizer, propriedades que definem a sua natureza – pode ser enfrentada e muitas vezes é enfrentada. Aqui, defender-se-á a tese de que o direito necessariamente compreende uma dimensão real ou fática e uma dimensão ideal ou crítica. Essa tese pode ser denominada como a tese da natureza dualista do direito (*the dual-nature thesis*). Um elemento central da dimensão real do direito é a coerção ou força. Um elemento central da sua dimensão ideal é a pretensão de correção, que inclui uma pretensão de correção moral e que, se violada, implica um defeito jurídico, em casos normais, e a invalidade jurídica, em casos extremos. Com vista a estabelecer que tanto a coerção como a pretensão de correção são propriedades necessárias ou essenciais do direito, apelar para intuições não irá nos ajudar em nada. Falar sobre a natureza do direito só faz sentido quando se puder empregar argumentos. Nesse sentido, a questão da natureza do direito nos leva diretamente à questão dos argumentos sobre a natureza do direito.

3.2 Conceito

Exatamente neste ponto pode-se construir uma ponte entre a natureza e o conceito do direito, pois os argumentos sobre a natureza do direito se encontram em uma relação próxima com os argumentos sobre o conceito de direito. Relações próximas, entretanto, não excluem diferenças. De acordo com Joseph RAZ, a diferença entre o conceito e a natureza é fundamental. O conceito de direito é tido como paroquial, ao passo que a natureza do direito é universal:

> «Enquanto *o conceito* de direito é paroquial, ou seja, nem todas as sociedades o têm, nossa investigação é universal no sentido de que ela explora a *natureza* do direito onde quer que ele venha a ser encontrado» (RAZ, 2005: 332).

A «natureza paroquial» (ibidem: 335) do conceito, argumenta RAZ, não é uma propriedade específica do conceito de direito. Pelo contrário, ela é uma característica de todos os conceitos: «Todos os conceitos são paroquiais» (RAZ, 1996: 5). A razão para tanto é que eles são «o produto de uma cultura específica» (ibidem).

Apenas o conceito de direito é de interesse aqui. Será realmente o caso de que o conceito de direito pode ser distinguido da natureza do direito ao fundamento de que o primeiro é paroquial, ou seja, particular, ao passo que a última é universal? Deve-se responder com um «sim» e um «não». A razão para essa resposta mista gira em torno do caráter bivalente dos conceitos. Para sermos precisos, a gênese de conceitos depende da cultura. Enquanto produtos de uma cultura, conceitos são regras socialmente estabelecidas que concernem ao significado das palavras. Nessa medida, conceitos possuem um caráter convencional. Eles são regras convencionais sobre o significado. Mas os conceitos – e este é o outro lado da moeda – são convenções de um tipo especial. Eles pretendem, como diz KANT, ser «adequados em relação ao objeto» (KANT, 1996a: 680).[14] Nesse sentido, eles estão intrinsecamente relacionados com a correção ou a verdade de proposições construídas por meio deles. Essa pretensão de adequação necessariamente conecta o conceito de uma coisa com sua natureza. Com conceitos – enquanto parte de uma prática que está intrinsecamente conectada com a verdade, a justificação, a validade, a objetividade e a realidade – se busca capturar a natureza das coisas a que eles se referem de forma tão perfeita, ou tão correta, quanto seja possível. Na medida em que aqueles que usam um conceito tenham sucesso em atender

---

14. Cfr. KANT, 1996: 680. Nesse contexto, KANT se refere, entre outras coisas, aos conceitos de água, ouro e direito.

à pretensão de adequação necessariamente erigida por que usa um conceito, esse conceito corresponderá à natureza do seu objeto. E ele terá validade universal na medida em que ele corresponda ao seu objeto. Portanto, a caracterização dos conceitos como paroquiais deve ser restringida. Conceitos, da forma como eles sempre se fazem presentes no caminho que leva à natureza das coisas a que eles se referem, são em parte paroquiais ou convencionais e em parte universais.

Esse caráter dualista dos conceitos explica porque uma análise do conceito de direito pode ser, ao mesmo tempo, uma análise da natureza do direito. Se «conceito» for entendido como um «conceito adequado», a questão «o que é o conceito de direito?» sempre pode ser substituída pela questão «qual é a natureza do direito?», e vice-versa. Essa é a razão pela qual o livro *O conceito de direito*, de H. L. A. HART, pode ser lido tanto como um livro sobre o conceito de direito quanto como um livro sobre a natureza do direito.

Isso não significa, no entanto, que o outro lado da moeda, ou seja, os conceitos enquanto regras convencionais sobre o significado, não desempenhe um papel na análise filosófica. Conceitos enquanto regras convencionais são indispensáveis para a identificação do objeto de análise. Sem o conceito de direito enquanto regra convencional, nós não saberíamos a que nós estamos nos referindo quando fazemos uma análise da natureza do direito. Ademais, apesar de a análise do uso da linguagem ser, como J. L. AUSTIN remarca com precisão, «*não* a última palavra», ela constitui um ponto inicial para a análise, ou seja, uma «*primeira* palavra» (AUSTIN, 1970: 185).

4. O CARÁTER DUALISTA DO DIREITO

O fundamento do não positivismo tal como defendido aqui é a tese de que a característica mais essencial do direito é a sua natureza dualista. A tese da natureza dualista do direito pressupõe que existam certas propriedades necessárias do direito que pertencem à sua dimensão fática ou real, assim como outras propriedades necessárias que pertencem à sua dimensão ideal ou crítica. A coerção é uma característica essencial encontrada no aspecto fático, enquanto a pretensão de correção é constitutiva da dimensão ideal.

4.1 Coerção

A necessidade de coerção ou força é o caso mais fácil. Parece ser bastante natural arguir, primeiramente, que um sistema de regras ou normas que em nenhum caso autorize o uso da coerção ou a aplicação de sanções – nem mesmo no caso de legítima defesa – não é um sistema jurídico e que, em segundo lugar, isso é assim por razões conceituais que se refletem no próprio uso da linguagem. Poderia alguém estar inclinado a usar a expressão «direito» em conexão com um tal sistema de regras? Razões conceituais desse tipo, entretanto, têm uma força limitada quando isoladas. Conceitos refletidos no próprio uso da linguagem precisam, como já se explicou, ser modificados, uma vez que se demonstre que eles não são adequados aos seus objetos ou – para dizê-lo de outra forma – uma vez que se verifique uma divergência em relação à natureza dos objetos a que eles se referem. É evidentemente possível não apenas arguir pela inadequação de um conceito, como também defender a sua adequação. Incluir a coerção no conceito de direito é adequado ao seu objeto, o direito, pois isso reflete uma necessidade prática essencialmente conectada com o direito (ver Alexy, 2003: 8-9). A coerção é necessária se o direito for uma prática social que consiga cumprir os seus propósitos formais básicos, tais como definidos pelos valores da segurança jurídica e da eficiência. Essa necessidade prática é a razão pela qual a necessidade conceitual implícita no uso da linguagem está baseada não apenas em uma convenção, mas também na natureza da coisa à qual o conceito se refere. Ela é, nesse sentido, uma necessidade absoluta.

O argumento até agora apresentado tem, no entanto, um ponto de fraqueza. Pode-se concordar que a coerção está necessariamente conectada com a segurança jurídica e com a eficiência, mas objetar que não há uma conexão necessária entre o direito e qualquer desses valores. Isso leva à questão de como valores, propósitos ou funções podem ser concebidos como se encontrando em uma relação necessária com o direito.[15] A resposta é que elas estão conectadas dessa maneira porque a pretensão de correção necessariamente conectada com o direito necessariamente se refere a elas. As razões para essa resposta somente podem ser enunciadas de forma apressada neste trabalho. Irei me confinar ao valor da segurança jurídica. O argumento se inicia com a pressuposição de que a moralidade enquanto tal não é suficiente para resolver problemas de coordenação social e de cooperação (Alexy, 2003: 8). O argumento prossegue com a premissa de que a moralidade exige a solução desses problemas com a finalidade de se evitar os inconvenientes morais derivados da anarquia. A essas duas premissas é adicionado o enunciado de que esses problemas somente podem ser resolvidos pelo direito enquanto empresa que se volta à realização do valor da segurança jurídica. Disso se segue que a moralidade precisa do direito enquanto empresa que se volta à realização do valor da segurança jurídica. A correção moral, por conseguinte, inclui a exigência do direito enquanto empresa que se volta à realização a segurança jurídica. Isso é suficiente para estabelecer a conexão necessária entre o direito e o valor da segurança jurídica, uma vez que se esteja assentado que duas outras teses são

15. Um famoso exemplo de uma relação necessária entre os valores, propósitos e funções e o direito é a conexão que Radbruch estabelece entre, de um lado, a justiça, as finalidades perseguidas pelo direito e a segurança jurídica, enquanto elementos do direito, e, de outro lado, o conceito de direito. Cfr. Radbruch, 1950: 107-8. Sobre esse aspecto veja-se: Paulson, 2006: 31-2.

corretas. A primeira diz que o direito necessariamente erige uma pretensão de correção; a segunda diz que essa pretensão necessariamente compreende a correção moral. Algo mais sobre isso será dito na próxima seção. Aqui deve ser apenas notado que a tese da correção, se estiver correta, desempenha um papel central não apenas em relação à dimensão ideal ou crítica do direito, mas também no que se refere à dimensão fática ou real. A razão para tanto é que a correção moral compreende a correção formal ou procedimental, assim como a correção substancial ou material.

No que concerne à disputa entre o positivismo e o não positivismo, os problemas mais intricados ocorrem no aspecto substantivo da pretensão de correção, nomeadamente quando a correção formal está acompanhada pela incorreção substantiva – em particular, pela extrema incorreção substancial.[16] No que se segue, duas questões serão enfrentadas: primeiramente, se a incorreção moral necessariamente gera a incorreção jurídica; em segundo lugar, se, como na fórmula de Radbruch, a incorreção moral extrema necessariamente resulta em invalidade jurídica.

4.2 Correção

No que se refere à tese de que a pretensão de correção do direito é a fonte de uma relação necessária entre o direito e a moral – ou seja, à tese da correção –, podem surgir três objeções. De acordo com a primeira objeção, não é verdade que o direito necessariamente erige uma pretensão de correção. Pode haver direito independentemente de tal pretensão. A resposta a essa objeção consiste em demonstrar que a pretensão de correção está necessariamente implícita no direito. O melhor meio de demonstração é através do método das contradições performativas (Alexy, 2002: 35-9). Um exemplo de contradição performativa é o fictício artigo primeiro de uma constituição que estabeleça que «X é uma república soberana, federal e injusta». É dificilmente possível negar que esse artigo é de alguma maneira absurdo. A ideia subjacente ao método da contradição performativa é explicar o caráter absurdo como derivando de uma contradição entre o que é implicitamente pretendido ao se promulgar uma constituição – nomeadamente que ela seja justa – e o que é explicitamente declarado – nomeadamente que ela é injusta. Muito poderia ser dito sobre se essa explicação é fundada e sobre se ela realmente demonstra que a pretensão de justiça, que é um caso especial da pretensão de correção mais ampla,[17] é

16. Isso não significa que os problemas encontrados na componente formal da pretensão de correção possam ser negligenciados. Um dos pontos fundamentais do positivismo é o de que a validade de uma norma depende de suas fontes e não de seus méritos ou deméritos. Em vista dessa premissa, não apenas os méritos e deméritos substantivos, mas também os formais, são excluídos enquanto critérios de validade jurídica (veja-se Gardner, 2001: 208-10).

17. A justiça caracteriza-se como um caso especial de correção, pois a justiça pode ser definida como a correção no que se refere à distribuição e à compensação (veja-se Alexy, 1997: 105).

necessariamente erigida. Esse ponto não será, porém, aprofundado aqui. A questão sobre se o direito necessariamente erige uma pretensão de correção não é o ponto principal do debate sobre o positivismo e o não positivismo. Ninguém menos do que o positivista Joseph RAZ, quando ele sustenta «que o direito necessariamente erige uma pretensão de autoridade legítima» (RAZ, 1996: 16), chega bem perto da tese de que o direito necessariamente erige uma pretensão de correção.

A segunda objeção possível à tese da correção aceita que o direito erige uma pretensão de correção, mas contesta a visão de que a pretensão de correção do direito tenha qualquer coisa a ver com a moral. Com vistas a enfrentar essa objeção, pode-se referir aos casos em que, primeiramente, as razões baseadas no direito positivo – ou seja, razões baseadas nas fontes do direito – tenham esgotado e, em segundo lugar, estejam disponíveis razões baseadas na justiça – ou seja, razões morais. A fim de enfrentar a objeção, deve-se demonstrar que em tais casos a decisão em questão tem que estar fundamentada em razões morais. Esse ponto, também, não será aprofundado aqui, pois ele também não é um ponto crucial para a questão de se o positivismo ou o não positivismo está correto. Um positivista pode aceitar o ponto de que a pretensão de correção do direito compreende uma pretensão de correção moral, mas contestar a pretensão de que isso implica uma conexão necessária entre a validade jurídica ou a correção jurídica e a moralidade. A tese de RAZ «de que é essencial para o direito que ele erija uma pretensão de ter autoridade legítima, *moral*» (ibidem: 6, ênfase adicionada) parece difícil de se harmonizar com esta leitura da pretensão de correção do direito.

A terceira objeção é a decisiva. Ela aceita que o direito necessariamente erige uma pretensão de correção e que essa pretensão está necessariamente conectada com a moral, mas ela continua a insistir que tudo isso é compatível tanto com o positivismo como com o não positivismo. É esta a tese que eu pretendo debater.

Talvez um exemplo possa ajudar. Imaginemos um caso em que um material normativo permita duas interpretações diferentes. Um único argumento adicional está disponível, que é um argumento moral que não pode nem ser reduzido e nem reconduzido a uma fonte. O argumento moral fala em favor de uma primeira interpretação, rejeitando, assim, a segunda interpretação. Eu penso que os não positivistas estão em acordo com positivistas que, como Joseph RAZ, assumem que «os juízes estão submetidos à moralidade de qualquer modo» (RAZ, 2004: 12). Ou seja, devemos adotar a primeira interpretação, sustentada pelo argumento moral correto, e não a segunda interpretação, que se apresenta como moralmente errônea. Ainda assim, os positivistas e os não positivistas discordam radicalmente em como entender ou interpretar isso.[18] Os positivistas dizem que nós devemos interpretar o que ocorre como um ato de criação do direito que transforma considerações morais em considerações jurídicas com fundamento no poder jurídico e apenas no poder jurídico. Se essa tese estiver correta, ou seja, se de um ponto de vista jurídico isso fosse uma simples questão de criação ou promulgação do direito com fundamento em uma competência jurídica, então, o juiz que escolher a interpretação moralmente errônea ainda assim estará criando uma decisão juridicamente perfeita, é dizer, uma decisão que conta em todos os seus aspectos jurídicos como uma decisão de mais elevado gabarito. A minha réplica é que essa decisão não seria uma decisão juridicamente perfeita em todos os seus aspectos. Tendo em vista o fato de que a pretensão de correção necessariamente erigida pelo direito necessariamente compreende tanto uma dimensão ideal como uma dimensão autoritativa, um juiz que escolha uma interpretação moralmente errônea em um caso em que o direito positivo permita também uma interpretação moralmente correta não estaria criando uma decisão juridicamente perfeita. Em tais casos, a incorreção moral implica uma incorreção jurídica. Certamente, há muitos casos que são muito mais complexos do que a constelação simples desenhada aqui. Essa constelação é suficiente, no entanto, para demonstrar que há uma conexão necessária entre a correção moral e a correção jurídica. Essa conexão tem, porém, apenas um caráter qualificativo.[19] Não obstante, essa conexão qualificativa gera uma mudança fundamental em nossa forma de ver o direito.

5. O DIREITO QUE *É* E O DIREITO QUE ***DEVE-SER***

Permanece ainda a questão sobre se existe também uma conexão classificatória tal como a defendida pela fórmula de Radbruch, que sustenta que a injustiça extrema não é direito. Certamente, a fórmula de Radbruch não pode ser deduzida da tese da correção. A tese da correção, considerada isoladamente, se refere apenas à existência de defeitos jurídicos. E defeitos jurídicos enquanto tais não implicam invalidade jurídica. Isso é um corolário da natureza dualista do direito. O direito é, ao mesmo tempo, essencialmente autoritativo e essencialmente ideal. Todos os defeitos na dimensão ideal são

---

18. Raz descreve o raciocínio que deve ter lugar em tais casos como um raciocínio «sobre como disputas jurídicas deveriam ser resolvidas de acordo com o direito» ou um raciocínio sobre «como os tribunais deveriam decidir casos de acordo com o direito» (Raz, 1993: 2-3). Isso parece permitir três interpretações diferentes. Primeiramente, pode-se dizer que a argumentação moral na área aberta pelo direito é uma argumentação «segundo o direito» ou «de acordo com o direito» porque ela não viola o direito; em segundo lugar, porque ela é exigida por certas fontes do respectivo sistema jurídico; finalmente, em terceiro lugar, porque ela é requerida pelo direito enquanto direito. A terceira leitura, no entanto, levaria ao não positivismo.

19. Sobre o conceito de uma conexão qualificativa, veja-se Alexy, 2002: 26; veja também Alexy, 2000: 144-6.

defeitos jurídicos, mas nem por isso todos esses defeitos têm a capacidade de desconstituir o que tenha sido estabelecido como direito pela dimensão autoritativa. Para dar esse passo a mais, são necessárias razões adicionais.

Essas razões adicionais devem compreender razões morais. Razões morais são razões normativas. As razões morais ou normativas que se encontram por trás da fórmula de RADBRUCH compreendem os direitos humanos ou fundamentais. Isso faz possível expressar o não positivismo em termos normativos: «Um conceito não positivista de direito deve necessariamente ser aplicado a fim de proteger os direitos fundamentais do cidadão» (ALEXY, 2002: 58). É exatamente neste ponto em que um dos principais problemas do não positivismo entra em cena. Ele pode ser enunciado por meio da seguinte questão: «é possível aplicar argumentos normativos com vistas a determinar a natureza e o conceito do direito?» Minha resposta é afirmativa.

À primeira vista, entretanto, uma resposta negativa parece estar correta. Determinar a natureza do direito é dizer o que o direito é, e, como notado, o conceito de direito deve ser definido com um olhar para a sua natureza. Há alguma base para considerar o direito tal como ele deve ser como um passo para se determinar o que é o direito? Não é surpreendente que os positivistas ponham ênfase apenas neste ponto. RAZ, por exemplo, argumenta que a natureza do direito é uma questão de teoria e não de advocacia e sustenta que a teoria está exclusivamente preocupada em «como as coisas são» (RAZ, 1996: 7). De modo semelhante, Andrei MARMOR insiste:

> «Uma vez que se admita que para alcançar algo como a fórmula de RADBRUCH é necessário um argumento normativo, confia-se em um argumento moral para nos dizer algo sobre o direito. Já não é mais o caso de que a conclusão alcançada seja uma conclusão acerca da natureza do direito. E isto é elementar» (MARMOR, 2005: 778).

Será isso realmente tão simples assim?

As razões pelas quais isso é mais complexo do que sustenta MARMOR derivam do fato de que é uma parte da natureza do direito que exista uma perspectiva do observador assim como uma perspectiva do participante (veja-se, por um lado, RAZ, 2007: 22-25, e, por outro lado, ALEXY, 2007b: 45-48). A diferença entre essas duas perspectivas é que o observador indaga sobre e aduz argumentos em favor de uma posição que reflete como questões jurídicas são de fato decididas em um dado sistema, ao passo que o participante indaga sobre e aduz argumentos em favor do que ele considera ser a resposta correta a uma questão jurídica no sistema em que ele se encontra. A perspectiva do observador é definida pela questão de «como as decisões jurídicas são de fato tomadas?», enquanto a do participante pela questão «qual é resposta jurídica correta?».

Essas duas perspectivas correspondem a duas visões diferentes sobre o que o direito é: uma visão restrita e uma visão compreensiva. De acordo com a visão restrita, a questão acerca do que o direito é depende exclusivamente do que tenha sido de fato expedido e do que seja socialmente eficaz. Trata-se de uma questão relativa a um fato social. De acordo com a visão compreensiva, por outro lado, o que o direito é depende daquilo que se considere correto que ele seja. Essa visão constitui a perspectiva do participante. O que é corretamente considerado como direito depende não apenas de fatos sociais, mas também da correção moral. Nesse sentido, o que o direito deva ser se aproxima do direito tal como ele é. Isso serve para explicar a fórmula de Radbruch, que sustenta não que «a injustiça extrema não deveria ser direito» mas, ao invés, que «a injustiça extrema não é direito». Muito mais poderia ser dito sobre a diferença entre o «é» de um observador e o «é» de um participante. Talvez o que tenha sido dito seja suficiente, no entanto, para indicar o que os não positivistas querem dizer quando eles sustentam que a explicação mais complexa está mais próxima da natureza do direito do que a explicação mais simples oferecida pelos positivistas.

BIBLIOGRAFIA

Alexy, R., 1998: «Giustizia come correttezza», *Ragion pratica,* 9: 103-13.

— 1999: «A Defence of Radbruch's Formula», em *Recrafting the Rule of Law: The Limits of Legal Order*, Dyzenhaus, D. (ed.). Oregon: Oxford e Portland: 15-39.

— 2000: «On the Thesis of a Necessary Connection between Law and Morality: Bulygin's Critique», *Ratio Juris* 13: 138-147.

— 2002: *The Argument from Injustice. A Reply to Legal Positivism*, trad. de Bonnie Litschewski Paulson e Stanley L. Paulson. Oxford: Clarendon Press.

— 2003: «The Nature of Arguments about the Nature of Law», em: *Rights, Culture, and the Law. Themes from the Legal and Political Philosophy of Joseph Raz*, Meyer, L. H., Paulson, S. L., e Pogge, T. W. (eds.). Oxford: Oxford University Press: 3-16.

— 2004: «The Nature of Legal Philosophy», *Ratio Juris* 17: 156-67, reimpresso en: *Jurisprudence or Legal Science? A Debate about the Nature of Legal Theory*, Coyle, S. e Pavlakos, George (eds.). Oxford and Portland, Oregon: Hart Publishing, 2005: p. 51-62.

— 2005: «Agreements and Disagreements. Some Introductory Remarks», en: *Law and Justice in a Global Society*, Escamilla, M. e Saavedra, M. (ed.). Granada: Editorial Universidad de Granada, 2005, *Anales de la Cátedra Francisco Suárez*, 39: 737-42.

— 2006: «Effects of Defects – Action or Argument? Thoughts about Deryck Beyleveld and Roger Brownsword's Law as Moral Judgment», *Ratio Juris* 19: 169-79.

— 2007: «On Two Juxtapositions: Concept and Nature, Law and Philosophy. Some Comments on Joseph Raz's "Can There Be a Theory of Law?"», *Ratio Juris,* 20: 162-169.

Austin, J. L., 1970: «A Plea for Excuses», em: Austin, *Philosophical Papers*, ed. J. O. Urmson, J. O. e Warnock, G. J., 2.ª ed. Oxford: Clarendon Press: 175-204.

Beyleveld, D. e Brownsword, R., 1994: *Law as Moral Judgment*, 2.ª ed. Sheffield: Sheffield Academic Press.

— 2001: *Human Dignity in Bioethics and Biolaw*, Oxford: Oxford University Press.

Coleman, J., 1996: «Authority and Reason», em: *The Autonomy of Law*, George, R. P. (ed.). Oxford: Clarendon Press: 286-319.

Finnis, J., 1980: *Natural Law and Natural Rights*. Oxford: Clarendon Press.

Gardner J., 2001: «Legal Positivism: 5 ½ Myths». *The American Journal of Jurisprudence* 46: 199-227.

Hart, H.L.A., 1995: *The Concept of Law*. 2.ª ed. Oxford: Clarendon Press.

Kant, I., 1991: «Idea for a Universal History with a Cosmopolitan Purpose» em *Kant, Political Writings*, 2.ª ed., trad. H. B. Nisbet e edição de Hans Reiss. Cambridge: Cambridge University Press: 41-53.

— 1996a: «The Metaphysics of Morals», em *Kant, Practical Philosophy*, trad. de Mary J. Gregor. Cambridge: Cambridge University Press: 353-603. O original desta tradução é a edição da Real Academia de Ciências da Prússia: *Kant's gesammelte Schriften*, ed. Royal Prussian Academy of Sciences, Berlin, Georg Reimer (e logo: de Gruyter, 1900–), vol. 6.

— 1996b: «On the Common Saying: that May be Correct in Theory, but it is of No Use in Practice», em *Kant, Practical Philosophy*, trad. e edição de Mary J. Gregor. Cambridge: Cambridge University Press: 237-309. O original desta tradução é a edição da Real Academia de Ciências da Prússia: *Kant's gesammelte Schriften*, ed. Royal Prussian Academy of Sciences, Berlin, Georg Reimer (e logo: de Gruyter, 1900–), vol. 8.

— 1996c: *Critique of Pure Reason*, trad. de Werner S. Pluhar. Indianápolis-Cambridge: Hackett.

Kelsen, H., 1992: *Introduction to the Problems of Legal Theory*, trad. da 1.ª edição da Reine Rechtslehre (1934) de Bonnie Litschewski Paulson e Stanley L. Paulson. Oxford: Clarendon Press.

La Torre, M., 2006: «On Two Distinct and Opposing Versions of Natural Law: "Exclusive" versus "Inclusive"», *Ratio Juris* 19: 197-216.

Marmor, A., 2005: «Contribution to discussion, in "The Separation between Law and Morality. A Debate between Robert Alexy and Andrei Marmor"», em: *Law and Justice in a Global Society*, Escamilla, M. e Saavedra, M. (eds.). Granada: Editorial Universidad de Granada, 2005, *Anales de la Cátedra Francisco Suárez* 39: 769-793.

PAULSON, S. L., 2006: «On the Background and Significance of Gustav RADBRUCH's Post-War Papers», *Oxford Journal of Legal Studies* 26: 17-40.

RADBRUCH, G., 1950: Legal Philosophy, trad. de Wilk, K., em: *The Legal Philosophies of Lask, Radbruch, and Dabin*, Cambridge, Mass.: Harvard University Press: 43-224.

— 2003: «Vorschule der Rechtsphilosophie», em RADBRUCH, *Gesamtausgabe*, KAUFMANN, A. (ed.). Heidelberg, (1987-2003), vol. 3: Rechtsphilosophie III, HASSEMER, W. (ed.): 121-227. A Vorschule der Rechtsphilosophie foi publicada pela primeira vez em 1948 como notas das lições de RADBRUCH que foram revistas e aprovadas por este.

— 2006, «Statutory Lawlessness and Supra-Statutory Law (1946)», trad. de Bonnie Litschewski Paulson e Stanley L. Paulson, *Oxford Journal of Legal Studies* 26: 1-11.

RAZ, J., 1979: «Legal Positivism and the Sources of Law», em RAZ, J., The Authority of Law. Oxford: Clarendon Press: 39-52.

— 1993: «On the Autonomy of Legal Reasoning», *Ratio Juris* 6: 1-15.

— 1996: «On The Nature of Law», *Archives for Philosophy of Law and Social Philosophy* 82: 1-25.

— 2003: «About Morality and the Nature of Law», *The American Journal of Jurisprudence* 48: 1-15.

— 2004: «Incorporation by Law», *Legal Theory* 10: 1-17.

— 2005: «Can there Be a Theory of Law?», em *The Blackwell Guide to the Philosophy of Law and Legal Theory*, Martin P. Golding M. P. e Edmundson W. A. (ed.). Oxford: Blackwell: 324-42.

WALDRON, J., 1995-96: «Kant's Legal Positivism», *Harvard Law Review* 109: 1535-66.

Impressão e acabamento: